堪布慈囊仁波切大手印、大圓滿雙運修持傳法上師 —— 成就者噶瑪策定仁波切

# 觀世音菩薩妙明教示

## 大手印、大圓滿雙運修持心要

堪布慈囊仁波切◎著

目次

# contents

## 最圓滿究竟解脫之法
### ── 大手印、大圓滿雙運修持心要

「大手印、大圓滿」雙運修持心要，此法門在密乘來說是極爲殊勝之法，若眞實證悟，必能究竟解脫。

佛教有八萬四千種法門，各有差異，乃眾生根器不同之故，根器不同則智慧不同，因人而異，依其因緣，選擇適合自己相應的法門。雖然所修持的法門不同，但最終目的皆相同，每位修學者皆爲解脫輪迴而修學佛法，希望臨終之際，能刹那往生佛淨土，乃至解脫成佛，這是修學者最終的願望。

「大手印、大圓滿」乃空性之法，是圓滿究竟解脫之法，也是破除無明最快速、最根本之法。眾生因無明之故，不斷在六道中輪轉，受盡了無量的苦難，唯有依止「大手印、大圓滿」之心要修持，方能對治無明煩惱最徹底之勝法。

每位眾生皆有如來藏，因自性本空之故，所以眾生本自具足，本來是佛，自性本體，本自清淨，「不垢、不淨、不增、不減、是故空中無色、無受、想、行、識」，所以眾生本來清淨，修持「大手印、大圓滿」能刹那淨除無明黑暗，本性自顯，即能見佛，而不是嘴裡唸佛，心去覓佛，使之枉然。

遠離一切戲論，不思前，不思後，不執一切境，不於一切境上生心，是爲「眞定」。

佛法浩瀚，習一切萬法，無一法可得，不爲法縛，是爲「定慧」。

內心清清楚楚，明明白白，無需言語，有如明鏡，心體明淨，是為「定淨」。

佛不在內、不在外、在一念間，在「當下心」，當下心體化空，三世諸佛與六道眾生，以及三千大千世界，皆融於自性，當下無我、無眾生，無來亦無去，是為真法界。所以修持「大手印、大圓滿」是最究竟之法，也是最適合現代人修持之勝法。

時常聽到有人說：「哎呀！現在我還年輕，沒有時間聽聞佛法，沒時間修，我要趁年輕趕快賺錢，等年紀大時再修也不晚。」這都是錯誤的觀念。你知道你有明天嗎？你知道你睡一覺起來還在這個世上嗎？你知道你能活到晚年嗎？我們是生處在無常變異的世界，誰也無法知道或預測到自己能活到什麼時候？多大歲數？所以要趁現在還有呼吸，還有生命，把握機會立即修學佛法，不要等到人限一到，為時已晚！

有人認為學佛是消極的、悲觀的，這也是完全錯誤的想法。其實剛好相反，學佛是積極的，使人生過得更美好，更充實。修學佛法的人，每天就像晴空萬里般的舒暢，安然自在；沒有修學佛法的人，遇到困難，就產生煩惱，凡事看不開，失去歡笑，每天唉聲歎氣過生活，人生是悲觀的，無喜樂的，內心只有悲傷與憤恨不平，所以差別極大，乃「心」之念頭的關係。

一般人不了解什麼是真正修學佛法，以為吃齋、持咒、打坐、禮佛就是修佛，這是不正確的觀念，完全錯誤！如果沒有正信、正念，一遇到不如意之事，認為吃齋拜佛這麼多年，菩薩還不保佑，就立即退轉開始謗佛、謗法；如果布施後沒有獲

得消災解厄，於是怨佛、離佛而去，這都是沒有真正了解諸佛的心意，沒有真正修持，不知檢討自己，習慣指使他人，又處處生疑，凡事起貪、瞋、癡。因無明之故，所以偏離正道越來越遠。

其實真正修學佛法，不需要跑到廟裡剃頭出家，家中就是最好的道場，在工作職場上，所有面對的人、事、物就是最好的修持對象。佛法不離世間覺，並不是刻意跑到山中，到沒有人的地方、寺廟中或特別的環境修持，才叫作修行，這也不是正確的。我們就是要在日常生活的環境中修持，才會知道自己修學的功夫如何。如果遇到一點不如意就謾罵、起瞋恨心，就必須立即糾正自己，在內心上下功夫，時刻觀照自己的起心動念，久而久之習慣成自然，慢慢地，缺點就會改善，這就是修行。

出家修行則是看個人的因緣，不能勉強。假使肉體出家，心沒有出家，也是無義。要心體出家，為了真正斷除輪迴，才是真正的出家。

佛與凡夫之別，在於一念之間，當一念善即是佛，一念惡即是凡夫，若起傷害他人生命安全的念頭即是魔。眾生習慣用尖銳的言語傷害他人，使對方內心產生痛苦和煩惱，這些不好的習慣應該要斷除。既然要學佛，就是要學習佛菩薩的慈悲與智慧，學習佛菩薩的清淨心、平等心，無緣大慈、同體大悲之心。雖然眾生性體本空，本自清淨，但因累世所造之不善業，造成貪、瞋、癡的熾盛。執「虛」為有，執「幻」為實，已不清淨了，所以我們需要用一些方法使之恢復原來的清淨，故要

修學。就好像一件白色的襯衫穿了太久，污垢沾黏並滲透棉線，不容易清洗潔淨，必須費很大的力氣與很長的時間，甚至加漂白水才能清洗乾淨；相反的，如果每天都換洗，自然容易清洗。穿白色的衣服怕弄髒而特別小心，希望一直保持潔白如淨，這跟修行是完全相同的道理。我們每天在言行舉止、待人處世、起心動念上，稍加留意並自我檢討，就不容易犯錯，時間久了，自然五欲看淡，煩惱自然減輕，這就是修。

修行乃於行、住、坐、臥之中，凡事念念不生心，念念不生疑，知「幻」即離，不於境上生心，自然內心清淨無染，處理世間事以平常心對待，一切隨緣，自然妄念不生，五欲自斷，法性身自顯。

平日勤加練習靜坐、觀修，漸漸進入禪定，當功夫成片之際，自然達到明空雙運，逐漸應證「大手印、大圓滿」的境界。

現代人忙於工作，以賺錢為主要目的，財富失去時，內心痛苦不已，起憤恨的念頭。這是因為眾生不了解，世間一切現象皆來自於人心之貪婪，唯有了解諸佛的心意，真實做到慈、悲、喜、捨，不吝嗇世間財富，將眾生容納於心中，自然心胸廣大。財富乃幻化物，勿過於執著，無貪求之心，無「能得」、「所得」之心，外境雖混亂，內心安然不動，就不會因今日所失之財物而產生痛苦與煩惱。若能真正做到無「能得」、「所得」之心者，此人即證悟「大手印、大圓滿」空性之人。

尊貴慈悲的上師　大堪布慈囊仁波切，將畢生所學之佛

法完全貢獻於眾生，為弘揚佛法，不辭辛勞地奔波世界各地，以報佛恩。今日有幸能追隨上師，聽聞上師所教導之「大手印、大圓滿」心要修持。堪布慈囊仁波切經由上師大成就者

　噶瑪策定仁波切之口傳心要後，經過數十年努力的修持，證悟「大手印、大圓滿」之精髓心要，並且完完全全毫無保留的將其所學傳授教導給我們。在這本書中，仁波切有非常詳盡的解說，在每一個修持的部分，都以簡單、易懂、易學的方式陳述其內容。另外，為了使讀者方便學習，在觀修的部分也是一個步驟、一個步驟的教導，從生起次第到圓滿次第，都一一做了淺顯易懂的解說。

　　「大手印、大圓滿」乃空性之理，離一切，言語道斷，無一法可得，「如人飲水，冷暖自知」，無法用言語論述其中義理及奧秘之處，但慈悲的上師，用盡了一切方法，將深奧難懂之勝法，以最容易明白、了解，如何入門修持的方式，用比喻的方式來闡釋空性的義理。為使大家能詳閱，方便修學，對於如何修持「大手印、大圓滿」雙運的方法，從「四加行」的修持到如何「觀修」，以及從「生起次第」至「圓滿次第」的實修，到臨終時修持「頗瓦法」，都非常清楚的傳授在這本書中。

　　《觀世音菩薩妙明教示》一書的內容可以說是最完整無缺漏的，講解可以說是最細膩的，也是講解修持方法最為清楚的一部實修寶典。

　　當年仁波切在傳授此教法時，每天座無虛席，盛況空前，每場法會大家皆聚精會神，聆聽教法，不懂的地方，不斷的踴

躍提問，請仁波切慈悲點化，當時的場面是令人震憾與感動的。「大手印、大圓滿」修持，對修學密乘的人來說，是非常渴望學習的密法，許多弟子紛紛提出，希望編輯成冊，以方便後學者研讀修學，利益無量佛弟子。

堪布慈囊仁波切乃經、律、論通達無礙的大學士，為人謙虛，利他無我，自幼即出家修學佛法，願未成佛之際，利益一切有情眾生離苦得樂，其偉大的宏願與情操，令人感動追隨。

感念上師之慈悲辛勞，願意將這麼殊勝的佛法傳授給我們，我們應該努力修學，不要虛度此生，以報上師對我們的厚愛與期望。

今日您有緣看到此書，又加以實修，必是慧根深厚之人，相信有朝一日，因緣成熟，一定可以修成正果。

各位讀者如果詳閱後，在實修上有不明白之處，歡迎來電本佛學中心，我們將竭誠為您服務，並安排時間與上師見面請教，解答您的疑問。在此恭祝大家

法喜充沛 修學成就 福慧圓滿

菩提三乘林佛學中心
會長　王莎賀

# 佛法是心靈的實證之路

　　所有人類科技文明的進步皆根植於各種科學工具的開發及應用。微波天文台使人類看見宇宙的壯麗，醫學造影使人類偵測到體內的病變，電話及網路使人類能瞬時的聽到對方的聲音及交換資訊，各式交通工具及太空梭使人類到達了前所未到的地方。這些工具大大擴展了人類五識的功能。然而，當我們嘗試去研究創造這些科學工具的工具——人的心識——時則遭遇了無比的困難。因為一切人造的科學工具皆是心造出來的，所以當我們想要使用這些工具去研究人的心識時，所面臨的問題就像一個機器人如何證明自己是個機器人。或者，在現代的科學分析下，人就如同是一個符合科學定律的機器，那麼，一個人如何證明自己不僅僅是一個複雜的生物機器人？

　　科學不是任何固定的成見，而是一種方法，它使用理性的思維及嚴謹的實驗手段去達到對研究對象的客觀認識。當我們想要去認識和瞭解人類的心時，唯一剩下可用的工具便是心的本身。佛法的修行是有修有證的，就像科學實驗一樣，只不過它都是在心上作功夫，在身、口、意上做實驗、去實證。所以，佛法是對心的研究的科學方法。這是佛在心靈上實證的路，大手印和大圓滿，以及一切佛傳之正法皆是通向最後了知人類心識的科學之路。敬願一切眾生皆能信受佛法如同接受科學一樣，則人類將邁入另一個輝煌的境界。

休斯頓大學物理系副教授　　何北衡

## 第 1 篇

# 發心的重要性與方法

慈囊仁波切於蓮師聖誕（猴年猴月）帶領弟子至西藏朝聖，於布達拉宮前留影

　　龍樹菩薩有一個偈語的大意是：「我們經由身、口、意三門所造作的業，如果能遠離貪、瞋、癡，就是善業，這些善業能夠幫助我們獲得人天的福報，甚至證得究竟的解脫與佛陀的果位。相反的，如果是出於貪、瞋、癡，而經由身、口、意三門所造作的業，就是不善業，這些不善的惡業將感得痛苦的果報，甚至會使我們墮入三塗惡道。」因此我們在做一切行業的時候，發心是非常重要的。為什麼呢？因為經由你的初發心，就決定了所做的究竟是善業還是惡業。如果你的發心是出自真實的善心，所造的業就是真實的善業，自然能夠感得廣大的善果。

　　我們的心念分成「善」、「不善」及「中性」（非善、非惡的無記）三種。由善的發心，所做的事就會成為善業，可以感得善的果報。如果屬於不善不惡的發心，也就是做事情時，心裡懵懵懂懂的，沒有特殊的善念，沒有悲心、信心、發菩提心，也沒有貪、瞋、癡等惡的意念，那麼所造的業是不屬於善也不屬於惡的無記業。如果是出於貪、瞋等惡心，所造的業就會成為惡業，並將感得惡報。所以，善業、惡業是取決於我們的發心，而不是做某件事情的外相。就好像有些事情在外相上看起來雖然是善業，但是因為做事者本身的發心是惡的，所以他所感得的就不見得是善的果報。就像在佛法修行上面，有人口裡唸著「唵嘛呢唄美吽」，或者持誦咒語，從外相上看起來好像是在修行、持咒，但是如果他是以惡念的心來行持，所感得的一樣是惡的果報。

　　平常我們對自己的身、口、意三門所造作的一切事情，應

該確實地觀察，注意做事情的當時，自己是何種發心？以這樣的發心所造的業，到底是善業？惡業？還是無記業？如果你覺察到自己做某件事情時，是懵懵懂懂地出自於無記的發心，或者是出於惡的發心時，這時候應該要猛然覺察，並且立即修正自己的心念。如果能從做事情的初發心上面去觀察、修正，這樣所造的善業就是非常真實的，並且能夠感得廣大而殊勝的果報。

以前有一位噶當巴的祖師住在山上的寂靜處修行。有一天，山下的施主到山上見這位上師。這位修行人想到：「今天我的弟子要上山來看我，我應該好好把佛堂打掃一下，否則看起來髒兮兮的，不太美觀。」於是他開始整理佛堂。就在此時，他觀察到自己的發心意念是錯誤，因為他打掃佛堂的目的，只是為了使弟子看到的時候不會覺得太過雜亂。於是他抓起一把香灰，往剛剛已經佈置、整理好的佛堂灑過去，然後再回到自己修行的法座，開始修行。後來另一位上師聽聞此事，便發自內心地讚歎：「那位修行人的作為積聚了廣大的善業及修行資糧！」如果我們從一般外相的角度來看待這件事，可能會想：「你將一把香灰往壇城上灑，這是多麼大的惡業！」但是對這位修行人而言，竟然是累積了無比的修行資糧，為什麼呢？因為他從發心上去觀察，覺察到自己的不對，之後，他以此對治自己已生起的錯誤念頭，從這個角度來看，他是在積聚廣大的資糧。所以由所造的因，會感得無量的果報。

同樣地，各位為何要接受大手印大圓滿雙運教法，首先要

觀察自己是以何種發心來學習、領受教法。如果發覺自己沒有什麼特殊的發心，只是一種無記的心念的話，應該立即修正一下自己的發心，以發菩提心的方式替代無記的發心來接受教法。不管是作開示的上師也好，或是在座下聽聞佛法的弟子也好，我們在做任何事情時，要時時刻刻觀照、修正自己的發心，這是非常重要的。

那麼要怎麼發心呢？首先內心要如此思惟：「要瞭解遍虛空法界、無量無邊的有情眾生，在我們過去無數生的輪迴中，沒有一位不是我們的父母、親戚、眷屬或朋友。當他們是我們的父母、親眷、朋友時，對我們的慈悲、關愛與恩惠，就如同這一生的父母、親眷、朋友一般。」為什麼有情眾生必定是我們的生身父母、親眷、朋友呢？這是因為在我們的無始輪迴中，生生世世不斷地流轉，所以一切有情眾生都曾經當過我們的父母、兄弟姐妹、親戚眷屬，這個道理是很容易能夠理解和接受的。他們如同我們這一生的父母、親戚、眷屬一樣，對我們有許多恩惠，非常慈悲地、百般地照顧我們。

然後我們再思惟：每位眾生都希望得到快樂，並且畏懼遭遇痛苦，但是由於不知道如何正確地取捨，也不知道該如何造作真正能感得快樂及捨離痛苦的因，所以雖然他們想要離苦得樂，但是現在所處的情境卻是正在遭受各種痛苦，而得不到所想要的快樂。

再反觀我們的現況。我們已經得到暇滿的人身，還有這麼好的機緣從善知識處接觸佛法，並且能進一步實際地修持。在

一切因緣具足的情況下，我們應該發起廣大的悲願：「爲了能究竟幫助所有過去生中曾經是我們父母的六道有情衆生能遠離一切痛苦，達到究竟解脫的果位，所以我要好好地運用這個寶貴的人身來聽聞佛法，確實地修持。」

一般而言，發心之後，什麼是應該要斷除的？什麼是應該要生起的？其中有很多微細的教授，但是我們可以用佛陀所開示的一段話做一個總攝：「善男子、善女人，於我所說的教法，心念要專注、無散亂地聽受。聽聞之後，更不可以將它擱置在一旁，應該要好好地牢記在內心。」就如同上面以釋迦牟尼佛的話做的開示一般，請大家仔細地以明晰的心智熟讀大手印、大圓滿雙運教法。熟讀之後，更要謹記在心。

【第2篇】

內容次第概要

慈囊仁波切在傳授大手印、大圓滿雙運修持法座上留影

在《觀世音菩薩妙明教示——大手印、大圓滿雙運修持心要》的教法中，一開始就提到：「佛法裡有相當多的修行法門，但是在這麼多的法門或經論中，最重要的是，我們應該從中擷取個人修行時能夠用得上或必須修持的教法。」所以在心要的教授中，便包括了從一開始進入佛門的皈依，到最上乘的大手印、大圓滿的修行見地，以及包含了從皈依開始，直到未來臨命終時應該如何面對死亡，並從中得到解脫的方法。因此，所有佛弟子必須行持的修行法門及教理，都已經攝受在這本觀世音菩薩的教授裡。

此法由普賢王如來、金剛總持所傳下來，經由一代代的傳承下來到大成就者恰美惹扎阿瑟，他畢生修學觀世音菩薩法門而獲得成就，由此一代一代的修持大手印、大圓滿成就者將其證悟之心要，傳授至近代大成就者噶瑪策定仁波切，再經由噶瑪策定仁波切，將其實修證悟之心要，再口傳教導予我。

《觀世音菩薩妙明教示——大手印、大圓滿雙運修持心要》的內容次第，可以分成四部分。


# 第一部分

在外加行之「四共加行」裡，教授關於：一、思惟「暇滿人身難得」的道理。二、思惟「無常」。三、瞭解「因果業報」。四、瞭解「輪迴的過患」。藉著思惟四共加行，讓我們真正斷除對此生及來生的貪著，並且清淨我們的身心，進入大手

印、大圓滿的修行勝道。所以在開示裡，一開始先講解觀修四共加行的義理，再進一步教授觀修的次第，以清淨我們的身、口、意。

## 第二部分

　　圓滿外四共加行之後，進一步開示內加行，即「四不共加行」的內容：一、「皈依」：經由虔誠的皈依發心而進入精進的修行道。二、「懺悔」：清淨我們過去所造的一切惡業，因為這些惡業會成為修行上的障礙，所以要懺悔以淨除惡業。三、「獻曼達」：如同世間法一樣，如果一個人擁有很多財富，想做什麼事情都能夠順利地馬上成辦；同樣地，在佛法的修行道上，如果我們也能具足福慧資糧的話，便能夠如法地修持甚深的法門，所以我們應該透過獻曼達來積聚廣大的福德與智慧資糧。四、修持「上師相應法」（上師瑜伽）：我們積聚了福慧資糧後，所修持的一切法門若要得到如法的成就，其根源是來自上師無比慈悲的加持，因此第四項是修持上師相應法。

## 第三部分

　　在加行之後，接著進入正行。這裡講到「生起次第」與「圓滿次第」的觀修法門。在「生起次第」中，主要講解的是：在有情眾生的心中，本來就具足成佛的種子，但是現在由於無明、

煩惱、障礙的緣故，所以凡夫的身、口、意顯現不出如佛一般圓滿莊嚴的境界，必須經由修持金剛乘中的本尊法，蒙受本尊身、口、意的加持，清淨修行者身、口、意的垢染，讓我們心中本自具足的成佛種子能夠實際開展、如實顯現。

在「圓滿次第」中則教授有關大手印、大圓滿雙運修行的見地，其中包括兩個部分：一開始先引介大手印、大圓滿修行見地的義理，接著開示實修的法門，包括如何淨除修行道上的各種障礙，以及如何生起修行道中應有的覺受與功德。

# 第四部分

在教授完生起次第、圓滿次第之後，接著談到未來我們面臨死亡時，在中陰時期要如何解脫的方法。其中最上乘的解脫是法身的解脫，其次是報身的解脫，再來是化身的解脫。在這裡則開示頗瓦法的修持次第。

以下依各章內容分別說明：

第一章講：在一切的佛法中，對我們一生幫助最大、最重要、最深奧、最容易實踐的法，是我們首先需要知道的。

第二、三章進一步講：我們一生中應該努力修持這些甚深的教法。然而，這些法義要如何修行呢？首先必須讓我們的心念真正轉變過來，努力地行持善業，並且實際去修持，所以開始教授轉變凡夫四種心念的思惟：思惟「暇滿人身難得」、思惟

「無常」、思惟「因果業報」與思惟「輪迴的過患」。如果無法去除我們對輪迴世間各種事物的貪著，仍沉溺在其中，不能轉變過來的話，就沒有辦法修持如此深奧的教法。所以，在此教授中，將一個次第、一個次第地講解如何轉變心念的方法。

然而，單僅轉變心念是不夠的，轉變心念之後，還必須讓心念融入佛法的修行中。既然心念要融入佛法中，就必須知道該如何得到真正清淨的加持？我們又該如何行持，才能使自己的行為正確無誤地契入修行之道？至於修行中遇到各種障礙時，應該怎麼去除？怎麼做才能在修法上具足各種善緣？為了回答這些問題，接下來講四種不共加行。

第四章講：從皈依、懺悔、供養，一直到修持上師相應法的四不共加行。經由思惟與修持四共加行到四不共加行的歷程，能讓我們的心遠離世俗的貪著，進入佛法的修行之道，同時具足各種的善緣與修行資糧，使我們能夠去除修行上的各種違緣、障礙。

第五章講：生起次第與圓滿次第。在生起次第中，我們藉著本尊的觀想修習來修持生起次第與圓滿次第，其中會提到心性的觀照，也就是如何安住在心的體性中。首先講解義理，進一步再講修持的方法。

第六章接著講：當我們依循這個法門實際修持之後，自然會產生各種覺受，而覺受的次第和現象是如何呢？當這些覺受生起時，如果沒有好好對治的話，我們會產生貪著，反而容易變成各種障礙，所以本章開示淨除這些障礙的方法。

　　第七章講：怎樣讓生起次第與圓滿次第的修持不斷增上的方法。

　　第八章講：中陰時期的解脫法——頗瓦法的修行方式。

## 第3篇

《觀世音菩薩妙明教示──
大手印、大圓滿雙運修持心要》
儀軌講解

慈囊仁波切傳授大手印修持法門時，每天座無虛席

　　現在要講解的儀軌是《觀世音菩薩妙明教示——大手印、大圓滿雙運修持心要》，請大家內心專注、不散亂地仔細閱讀接下來所開示的內容。

　　通常一開始教授開示或造論時，都會有一首禮讚偈。為什麼會安置禮讚偈呢？這是因為在造論或開示之前需要做廣大的供養，因此以禮讚偈來做供養，其緣起是作者希望以此虔誠讚頌、供養的心，經由所做的讚頌以及廣大的供養，能令他所寫的教授內容非常清楚確實，正確無誤；同時也希望後來的學者讀誦或依此教授修持的時候，也能正確無誤地修學，而聽法的人依於此福德也能無障礙地完整聽受此教法。就像佛陀在經典裡所說的：「具足福德資糧的人所想的任何事都能夠成辦。」因為有這個需要的緣故，所以在論典的一開始都會有一首禮讚偈。

> 南無　　瑪哈　　噶汝尼噶耶
> 頂禮大悲觀世音

　　第一句：「南無　　瑪哈　　噶汝尼噶耶」是「頂禮大悲觀世音菩薩」的意思，在此先以這個偈頌來禮敬觀世音菩薩。

# 1.

# 奧義法教之歌

此篇教授總共分成八章，第一章講的是修行上最需要、最深奧，而且最容易修持的一種教法。

## 攝取修持的法門

> 經續佛典浩瀚廣中廣，壽短智窮一生難遍曉，

佛法裡，佛陀所說的經典、密續非常多，自古至今，印、藏、中國的大師們對佛所說的經、續也作了各種註解與論述，數目是無量無邊的。面對這麼多的經教，如果我們能夠全部領受、修學，當然是再好不過了；但是特別對於五濁惡世的末法時代而言，人的壽命非常短暫，理智判斷的能力比較薄弱，而外在的違緣、障礙又往往無法讓我們將法教一一修學完畢，所以我們難以在此生中完全瞭解所有的經典、密續及論述。縱使

我們努力地學習，也明白經續、論典中的義理，但是如果沒有確實地運用在修持上的話，也是沒有幫助的。

> 即若遍曉懈怠無恆持，其況猶如渴死於湖畔，
> 智者怠修亦生凡夫味，

縱使有些人非常努力地鑽研經藏論典，也瞭解其中的道理，但是如果沒有將教法實際運用在修持上，那麼佛法對他而言，還是沒有任何幫助。等到他臨終面對死亡時，仍然是一個凡夫的身相，佛法對他並沒有任何實際的助益。這種情況就好像有一個人非常口渴，當時他就在湖邊，只要喝湖水便能止渴，但是他卻僅僅望著湖水而不去喝，最後就渴死在湖邊了。

密勒日巴上師也開示說：「對於一位飢餓的人，僅僅擁有食物是沒有辦法止住飢餓的。他必須真正去吃食物，才能止住飢餓。」所以在修行道上，首先必須瞭解所教授的內容究竟是什麼，知道了之後則要確實地去修持，才能真正使法對眾生有幫助，生起莫大的作用。

> 印藏智者經續之教誡，妙加持力凡人難思量，

所謂的經續，指的是佛陀親口說的經典、教法，例如《般

若波羅蜜多心經》等等佛所教授的經及戒律。佛親口所說的，屬於顯宗的部分稱為「經」，包括經、律、論三藏的教授；「續」則是佛所開示的各種金剛乘修行的教法，包括四部密續，即事部、行部、瑜伽部及無上瑜伽部。之後印度、西藏和中國等地的成就者、班智達，進一步對於佛的經續做開示而寫下的註解及闡釋，即所謂的「論著」。如果我們對數量龐大的經、續，以及過去印藏大成就者們所做的論著，能夠如實地去聽聞、思惟、修持，便可以領受到無比的加持力。但是現在一般的世間凡夫並沒有那麼多的機會和時間，可以聽聞、如理如法地行持如此廣大無邊的法教和論述，所以很難領略到經論中的義理。

> 其於寺院廟堂所敷演，惟於專一行持少施為，
> 簡扼妙諭反益老嫗心。

佛所開示的種種經教以及祖師大德們的論著，對於已經出家的虔心修行者，能夠好好在寺院、學堂裡深入地做聞、思、修的學習，是非常必要且有幫助的。但是對於一般世間的凡夫而言，因為沒有這樣的時間和因緣去做廣大的聞、思、修，所以在修行的應用上，這麼多的經教論典不僅使不上力，也不是我們真正需要的。佛陀所留下來的教授，經過這麼長久的轉變，有很多開示和教法都已經遺失了，不過在非人眾生、天龍八部等等的護持下，還是保存了很多的教法。現今在人世間，我們

仍然可以看到《大藏經》中許多經典的內容和祖師大德們的論著；在西藏，也有超過一百部以上的藏經和祖師大德們的論著，數量也相當可觀。但是這麼多的經教論藏對於一般的修行人而言並不需要，倒不如直接從中概略攝取一些修行要點來指示他如何實際地修學，對他才是最有助益的。舉一個例子：就好像對那些年老的長者，你跟他講很多的經論，他可能聽不懂；但是如果非常清楚而直接地把修行的重點和要領告訴他，要他照著要領去修行，他就能夠應用並把握這個要領好好地修行。因此，簡單扼要地開示匯總的法要，對於一般修行人而言反而更有益處。

> 妙宣印圓無量深妙法，頂嚴經典各具殊勝處，
> 實應弟子根器之教導，若為自利來生而修學，
> 攝要總集於一專行修。

關於大手印、大圓滿與其他佛陀所說的般若波羅蜜與中觀等教典，以及後來佛教徒延仲出來的四部：(一)有部，(二)經部，(三)唯識部，(四)中觀部，每一個宗派都有無比甚深的教法，以及詮釋其修持義理的教典。這些論典都是為了幫助弟子們能夠確實契入該宗派的教義，以及傳承自己宗派的教法所寫下來的，對於各宗派的弟子而言是非常必要的。

一般將佛法分為大乘和小乘的教法。小乘的部分，有「有

部」及「經部」兩部教法；大乘裡則有「唯識部」與「中觀部」的教法，而各個宗派都有建立其宗派的經典和論著。譬如「有部」的經論，就清楚地說明了該部所主張的教義，因此不需要再依賴其他經論來瞭解該宗的教義。同樣地，「經部」及大乘中的「唯識部」和「中觀部」的經論也是不倚賴其他宗派的論述，就能夠獨立地將自己宗派的教義清楚地加以闡釋。這些經續論著對於宗派的建立和依止該宗派修行的弟子而言，是非常必要且有幫助的，這是一般保存宗派與傳承宗派的做法。

但是對一般的修行人而言，如果不是為了傳承宗派的法脈，僅僅是為了超脫輪迴與惡道的一切痛苦，獲得解脫與一切智的果位而修持的話，這麼多的宗派論典並沒有很大的益處，倒不如在聽聞各種宗派的教法時，自己去攝取對內心或修行真正有幫助、有作用的一些修行法門，再將其攝受、融合在一起而如實地去修行，這是很重要的。

阿底峽尊者最初到西藏弘法的時候，當時西藏有一位非常著名的大譯師——仁欽桑波，他曾經前往印度求法，並將其翻成藏文，再傳入西藏。阿底峽尊者有一次見到仁欽桑波，就問他說：「班智達啊！目前你是如何修行的？是依止什麼教法在修持呢？」仁欽桑波回答：「我將自己所接受到的教法講述給眾生聽，而我也對自己所講述的一切教法如實地、不忘失地加以修持。」阿底峽尊者說：「你這樣的修持方式是錯誤的。」這句話是什麼意思呢？將自己對眾生所說的法都無餘地修持的話，在自己心續上的修持就會變得不清楚、不明白。對於真正發願求

解脫的人，應該是擇取佛陀所說的一切教法中真正對自心的修行有利益的內容，再實際按照此法門好好地去行持，千萬不要貪多。

在這裡要特別提出來的一點是：我們常常會有宗派偏見。今天我認為自己是一個顯宗的弟子，當聽到所謂金剛乘、密乘的教法時，就認為不是我要修學的法門；我要修的是自己現在專修的，不管是哪一個顯宗的教派。同樣地，金剛乘裡也有很多不同的宗派法門，今天我是這個宗派的弟子，便只修學這個宗派的教法，另一個宗派的教法就不想學，因為它不是我要修學的。這樣的宗派偏見是一種錯誤的心態。正確的做法是，自己在修行時，不管聽到、接受到什麼宗派的教法，只要對你當時的心念或修行有幫助，都應該去吸收、學習，並且與原本所學的融會貫通，融合到自己的修持中。

> 清淨無雜善立諸宗論，宗論雖為宏教之所具，
> 若唯思量利益後學故，「無分教派淨觀」為奧義。

前面一直在詮釋佛法裡有各種不同宗派的教授，各自依止不同的經典論述來建立自己宗派修持的義理和方法。各宗派在建立義理的時候，都是非常清淨無染的，不會跟其他宗派的見地混雜在一起，而是傳承自己宗派所擁有的清淨、正確的教授，這樣的宗派論著和修持法門，對傳承或受持此宗派的修行人而

言是非常需要的。但是如果一般世間人只是爲了能夠不墮落到三惡道，甚至能夠漸次地達到究竟的解脫，就應該生起一個清淨的意念：「不管哪一個宗派，其教授及修持法門對眾生而言都是有幫助的，都是在幫助眾生遠離三塗，究竟解脫，所以所有宗派的教義都是正確而清淨的。」能夠生起這樣清淨的觀念非常重要。

每個人在過去生中都曾經累積了不同的因緣，所以在此生修行時，會碰到自己覺得比較適合的法門，或是各種不同宗派的修法。當你依止這樣的法門去修持時，會比較容易契入，並且能夠無誤地行持，這種情況是常有的，也是一種正確的方法。但是當我們這樣修行時，絕對不能去毀謗其他的宗派。因爲今天我進入這個傳承，於是就去做宗派的比較，說：「這個傳承的教法比較殊勝，其他宗派的教法比較低劣，是有錯誤的。」一旦做這樣的宗派批評或毀謗，是有過失的，會造作「謗法」的惡業。

什麼叫「謗法」？「謗法」是我們出自瞋恨心或強烈的貪著心，而對教法起了善惡、好壞的分別。因爲對法起了強烈的貪著心，所以說這個法是最好的，其他的法都是不好的等等，這就是「謗法」罪。在佛陀的開示裡說到：「譬如我們因爲接觸大乘的教法，覺得非常殊勝，便認爲其教義非常珍貴。但是當我們再接觸到其他像小乘的教法時，便生起小乘的教法是低下的、是不夠圓滿的分別心，這就是『謗法』。」「謗法」的惡業並不是指我們在修行時有各種次第上的差別——從發世俗的菩

36

提心，一直到空性的觀修，乃至於大手印、大圓滿的修持。大家要確實瞭解這些教法次第上的差別，並不是所謂的「謗法」。

## 依止根本上師

接下來講解依止上師的部分。

> 堅信上師一者咸兼備，尤是忝作心子所須具，
> 若欲生起證悟之功德，總集具緣上師為一尊，
> 觀為部主祈請為奧義。

我們在修行的過程中，如果對一位上師生起無比堅定的信念，並且依止他，使其成為自己的根本上師，心裡也發願：「他就是我要依止的上師，除了這位上師之外，我不需要再依止其他人，這就是我修行時唯一能夠依止的上師。」從今以後就全心全意地以身、口、意完全依止這位根本上師。這樣的方式能使你進入這位上師的修持傳承，成為該傳承與法脈的弟子，就好像你是這位上師的修行心子一般，這一點非常重要。你必須生起這樣的堅定信念，全心全意地去依止一位上師。也就是說，如果你身為這位上師的傳承弟子，也受持了這個清淨的傳承，以及傳承的各種教授、口訣等等，那麼生起上述的信念去依止根本上師是非常必要的。但是從另一個角度來看，在修行時，

你要如何眞正地生起覺受？如何生起證悟的功德？此時，你應該將所碰到過的、曾經受學過的所有上師們都觀想成爲一位，也就是將所有你曾接觸過的、其教法對你有幫助的上師們，都觀修、攝受爲一尊，你觀想此尊就是自己的根本上師；亦即你觀想的根本上師涵攝了所有跟你有緣的上師們，以及從他們那邊所接受的教法，要如此來觀想修持，這是依止上師的訣竅。

## 修持本尊的生起次第

接下來講如何修持自己的特別本尊。修持本尊時，有所謂修持本尊的生起次第與圓滿次第。首先講解本尊的生起次第要訣。

> 本尊續部諸佛菩薩眾，各個生次修法各個別，
> 此乃上師灌頂之所需，爲期斷除障難證眞常，
> 攝爲一尊一咒爲奧義。

在密續的本尊修持中，分成「事部」、「行部」、「瑜伽部」、「無上瑜伽部」等四部，其中有許多本尊，而且各個本尊均有其特別的修持法門，本尊的生起次第即是依止並觀察本尊身相的修持法門，各個不同的本尊有各自不同的修法。之所以有各種不同的密續及本尊，如寂靜、忿怒身相之本尊與不同的

教法，最主要是因為眾生有著各類不同的根器，而且眾生的心續中有著各種不同煩惱，所以諸佛、菩薩需要顯現出各種不同的本尊身相，以這些法門來教授、調伏眾生與他們的煩惱。

對於一位尊貴的上師要弘揚密續的法門或給弟子傳授密乘的灌頂等而言，這麼多不同的密續、寂靜與忿怒本尊之生起次第和咒語，以及各位本尊的觀修法門等等，是非常重要且必須的。因為在給予弟子灌頂時，必須先觀修本尊、持誦本尊的咒語之後，才能賜予灌頂，所以，尊貴的上師們弘揚教法時需要各種本尊的法門。但是對於一般眾生而言，修行是為了清淨自身的障礙與證得修行的成就，如果能夠廣泛地修持很多本尊法固然很好，但卻不是絕對必要的。所以，對一般修行人而言，如果能將很多本尊總攝為一個本尊，並且只持誦一個本尊的咒語，反而更好。

對凡夫而言，修行時最好的方法就是專心修持一位本尊，並且持誦一個本尊的咒語。也就是說，當你在修行某一位本尊時，應該觀修這位本尊與一切本尊的體性是一樣的，專心持誦該本尊的咒語，如此修持能更迅速得到本尊的加持與成就。因此，我們應該修行、依止一位特別專修的本尊，依其本尊的生起次第與圓滿次第漸次修持，一方面可以斷除輪迴世間的各種煩惱與障礙，同時也能讓我們證得修行上的成就。

依據特別本尊之生起次第的修持，可以遮止我們繼續投生於輪迴之中；而藉由修持特別本尊的生起次第與圓滿次第，則可以讓我們獲得一切暫時與究竟的現證功德。那麼要淨除自己

心續上的障礙和獲得現證的功德，應該要怎麼做呢？要對總集了所有本尊的特別本尊生起勝解之心，虔誠地對祂做祈請，專心地修持一尊、一咒，這樣就能迅速得到本尊的加持與成就。

一切殊勝的寂靜本尊與忿怒本尊的體性都是同一個，佛的法界是同一個法界，因此無論觀修任何寂靜或忿怒的本尊，心的境界與智慧的法界是同樣無別的。所以，我們應該深切地瞭解到：「任何一位本尊所具有的心的境界或者成就的境界，跟其他本尊是相同的。」要對這樣的見地生起深刻的信心。在讚頌、修持本尊的時候，要觀想所有的本尊總集成為一位本尊。只要這樣好好地修持，當你成就一位本尊時，同時也成就了一百位本尊。

為什麼修持一位本尊能夠成就一百位本尊，或是能成就很多本尊呢？這是因為當我們在修行某一位本尊，例如觀世音菩薩時，我們的意念不要只是想著：「我只是在修持觀世音菩薩的本尊法。」應該想的是：「所有的本尊都已同時涵攝在本尊觀世音菩薩之中，祂們是無二無別的。」為什麼呢？因為在智慧境中，一切本尊的體性都是相同的，所以當我們修四臂觀音法門時，要觀想所有的本尊同時涵融在四臂觀音身上。以這樣的修持方式來修習，當你成就觀世音菩薩的本尊法時，也就同時成就了其他的本尊法。

有一個諺語說：「印度人修持一個本尊法，可以成就無數的本尊。西藏人修持很多的本尊，卻一無所成。」印度的修行者專心修持一位本尊，當本尊法成就之後，也就同時成就了無

數的本尊。但是對西藏人而言，常常修持很多的本尊，一開始修一個本尊，修一修覺得好像沒有得到這位本尊的成就，就再換另外一個本尊；修一修又覺得不夠，又再修另外一個本尊，就這樣，雖然修了很多的本尊，卻沒有任何一個本尊成就。因此，在修行時，如果我們真正瞭解任何一位本尊的體性，其實涵攝了所有本尊的本質，一切本尊的智慧法界是同一的、沒有差別的，以這樣的信心去專心修持一個本尊，並持誦本尊心咒，反而是更殊勝、更好的修持法門。所以說：「攝為一尊一咒為奧義。」這就是生起次第所開示的部分。

## 修持本尊的圓滿次第

在本尊的圓滿次第裡，有許多不同的修持方法，這些教法與開示對於想要實際修學的人是非常必要的，對於講解法義給弟子們領受的上師也是極為需要的。

> 俱緣非緣諸圓滿次第，是為解說教示所必須，
> 生起證悟功德之方要，總攝為一守本為奧義。

在本尊圓滿次第的修法裡，有所謂「有所緣的修法」和「無所緣的修法」。「有所緣的修法」就是例如「那諾六法」，或是修持有關脈、氣、明點等等的「六和合」修法。「無所緣的修

法」就是安住在甚深的禪定中。

這些「有所緣的修法」和「無所緣的修法」，對於眾多弟子們實際的修持、上師們開示教法與保存、傳承法脈等等，是非常需要的；但是如果我們想要在自己的心續上如實地生起覺受、證悟與功德的話，最好的方法就是將有所緣的和無所緣的各種圓滿次第之教授總攝為一，去學習、修持自心的體性——空性，這是非常重要的觀念。這就是圓滿次第中重要的、甚深的修持法要。

## 修持的見地與要訣

接著講解見地、觀修、行持、果位與迴向。首先講見地。

> 由外或內斷除諸戲論，勝見解說各宗皆普被，
> 猶如爐火滅盡煙自止，內斷自心無明為奧義。

如果我們想要修持諸法的實相——空性，首先要認知到什麼是「見地」。也就是說，要瞭解諸法的體性本身是空性的，首先必須接受關於見地的教授或引介，因此便由上師告訴修行者，見地到底是什麼。藉由見地的教授和引介，清楚地認知並識別見地。要對見地有所認知，就需要先明白了悟見地。在見地上面，有各種方法可以讓我們印證實質、了知空性：有的是由外

透過各種的辨析方式，斷除戲論與迷惑錯亂，引導我們細微分析、明辨印證為空性；有些則是由內斷除戲論與迷惑錯亂，而印證確實為空性，亦即從心或空性上入手，直接引介本具的空性。

我們需要怎樣印證見地呢？佛教徒需要的見地是什麼呢？就是印證了知一切法空性的見地。修行最根本的見地是一切諸法的體性是空性的。除了一切諸法體性本空的見地之外，其他各種迷惑錯亂的見地，稱為「戲論」。這種戲論緣於對空性的不瞭解，於是將各種顯現的外相、外境執著為真實的，稱為「外在的戲論」。至於執著內在所謂的「我」為真實的，繼而產生強烈的「我執」，便會產生「內在的戲論」。

那麼，應該如何斷除對外境事物的執著呢？我們可以透過佛陀所說的教授或自己細微的分析來做邏輯的判斷，並了知外在的事物是不實的、是空性的，進而斷除對外境實物或外境法的執著，以此方法來印證確定是空性。

我們試著以眼前的柱子為例：在看到這根柱子後，我們說柱子的法性本身是空性的，但是我們如何解析並分辨這根柱子是空性的呢？當你真正用明智分辨，或是依循佛陀的教授加以思惟時，就會真正瞭解柱子的本性是空性的，這就是從外在斷除戲論的方式去印證實為空性。

當我們看到柱子時，會對柱子生起怎樣的認知相呢？我們對柱子的認知是：「這是一個實體，是真實的一根柱子立在那裡，作用是支撐天花板，上面一層，下面一層，在天花板和地板之間具有支撐作用。柱子是我們眼睛能夠看得到的，用手觸

摸的時候，感覺這是眞實的。」因此我們就執著這根柱子是一個眞實的物體。

在凡夫的意念裡，一看到柱子的相，馬上就會執著柱子是眞實的。但是當我們依循佛陀的教授，以各種的因明論式、空性的義理去觀察時，便會瞭解：「柱子只是一個外境，當我們看到柱子時，在這個境上產生強烈的執著；然而就勝義的體性而言，柱子是空性的。」有了這種認知後，再進一步修持、觀照，等到功夫越來越深入時，將會從心中生起一種堅定、確認的見地──柱子確實是空性的。就如同我們在夢中所看到的境相一樣，是不眞實的、空性的。將這個「柱子是空性」的了悟再加以修持，變得非常熟習之後，到了某一天，柱子上戲論的顯現沒有了，這就是「證悟空性」。經由對空性的了知，次第地確信，信心不斷增長，了悟越來越深入、純熟，最後證悟。一般來說，「從外在斷除戲論，以明辨印證爲空性」的程序就是這樣子。現在我們是以柱子爲例去觀察，至於其他一切外境諸相，也可以依照這樣的觀修方式去觀照。

如上面所說，我們依止佛陀的教授及正確的見地，如實地思惟而了知空性。在經續中，有很多印證了知柱子爲空性的證成道理，而共通的、一般的印證了知柱子爲空性的證成道理，是教法和明智分析的方法。所謂共通的方法，指的不是像密乘中的特別方法，而是顯、密二乘都宣說的印證了悟的方法；或者說，共通的證成道理是弟子們共通地印證了知柱子爲空性的證成道理。

　　首先是依佛陀的教授來印證了知柱子爲空性。如何印證了
知呢？「一切法空性也。」我們說：「一切法是空性。」這是依
佛陀的教授而成立，因爲佛陀是這麼說的。依佛陀所說的教授
而成立「一切法是空性」的時候，「柱子爲空性的」也就成立
了。由於佛陀所說的話是眞實、不欺的緣故，佛陀既然已經說：
「柱子是空性的」，我們便對此深信而了悟空性。這種依佛所說
的方法是依教法來成立空性。

　　佛陀宣說空性，開示說：「一切法空性。」因爲「一切法
空性」之故，所以，「柱子爲空性」是成立的。再以「柱子是空
性」爲例，因此山、院洛、岩石、屋宅……等也是空性，這是
依教法而成立空性的方法。深信佛所說的法的人，心中便如此
地深信佛陀所講的教法。

　　佛所講的這些都具有意義，事實上，一切法就像佛所說的
那樣，柱子本來就是空性的，在意義上、實際上，柱子本身就
是空性的，如此具有意義的事，佛陀才會說；沒有意義的事，
佛陀是不會說的。如果佛陀說出無意義的事，可能有人會講：
「佛陀在撒謊。」然而，佛陀絕對不會這麼做。佛陀說：「一切
法是空性。」實際上，一切法都是空性的，由於「是者爲是」
的緣故，所以，「一切法是空性」這個正確的道理得以成立，因
此，「柱子是空性」的理智分析也就得以成立。這類的證成道理
很多，下面就舉一個例子來說明。

　　我們就以一個因明論式來說明：「柱子爲法，是空者，是
緣起故」這個論式的意思是：「柱子是萬法之一，這是空性的原

因，為什麼呢？因為這是緣起的緣故。」這裡是舉柱子為例，以「柱子」做為所論述的宗法，用「柱子是空者」做為所承許的論點，因「柱子是緣起故」做為證成「柱子為空性」的理由。在這種思惟裡有三個要件：第一，我們所立的對象──柱子，是安立此論點的對象。第二，柱子是什麼？柱子是空性的。第三，你要得到柱子是空性的結論，必須有為什麼它是空性的原因──因為它是緣起的，所以是空性的。因為「如果是緣起的，就周遍一切皆是空性的」，所以從緣起的原因，就導引並印證了空性這個結論。

那麼，什麼是「緣起」？從緣起如何來成立空性呢？從緣起的角度來講，柱子之所以成為柱子，要具足許多因緣與助力才會成為柱子。因為柱子本身是由很多成份，經過各種因緣和合之後才成為柱子的，所以如果柱子本來就有，本性不是空性的話，應該不需要再經過各種因緣和合才成為柱子。因為柱子是由這麼多的因緣具足和合而成，所以我們瞭解到柱子的本性是不實的、是空的，當下就見到空性。如果柱子的本性不是空性的話，不需依止外在的因緣條件和合才顯現出這根柱子。所以當我們如此剖析柱子時，就觀察到成就柱子的種種因緣，它由什麼成份所組成？又在何種因緣下促使各種成份形成柱子？當如此觀察的時候，我們就已經看到柱子是不實的。

就如同看電視時，我們清楚地知道這些影像是電視台所製作的節目，透過電波的傳送，經由電視機接收之後，顯現在我們面前，所以是不實在的、是空性的。從電視影像的道理，同

樣可以瞭解到，其實一切只是一個外相，並不是真實的，其差別只在於我們面對外境的時候，是否能了悟而已。為什麼不能了悟呢？這是因為自己有了強烈的執著，認為外在的事物是真實的。由於我們具有這種強烈習氣的緣故，所以無法立即見到那個法的本性就是空性。從電視影像這個例子，我們可以瞭解到，電視是因為有各種器材、設備聚合起來才會產生作用與顯現出影像，除此之外，並沒有其他真實的本質在那裡。同樣地，柱子也是一種因為各種材質由因緣聚合而顯現出來的情境，本質是空的，並不是真實的。就這些構成物質的力量而言，會比電視顯現出來的影像更加強大。為什麼呢？因為我們很容易知道電視影像的顯現是虛妄的、不真實的，但是構成柱子的材質顯現出如此一根柱子的時候，我們卻很容易執著於柱子是真實的、是實有的。就柱子是空性的義理上來講，還有很多其他印證的道理可以成立柱子是空性的，在此，我們僅簡單地討論因為緣起的關係而得到柱子是空性的結論，這就是「從外在斷除戲論而印證實質是空性」的方式。

「由內斷除戲論」的方法，就是進一步斷除「將自己的內心執著為真實」的想法，經細微分析印證出「心是不真實的、是空性的」見地，就是「由內斷除戲論」。關於「由內斷除戲論」的思惟與觀修方法，在大手印、大圓滿的教授後面講到心性的部分，會有詳細的開示。

在見地上，各宗派都有關於如何從內或外去斷除戲論而印證了知空性的教授，但是在這麼多的宗派見地裡，最殊勝、最

容易修持的方法，就是直接從我們的內心去斷除戲論，這也是最究竟、最簡要的方法。就好像釜底抽薪一樣，當你熄滅爐火後，爐子所生起的煙自然會止息，不會再繼續產生了。如果我們把一棵樹從根部徹底斬斷，這棵樹就沒有辦法再成長，自然會死亡；但如果是從茂盛的枝葉一截一截地砍斷，不僅困難度很高，更是一項艱鉅的工程。因此，根本上的做法是斷除根部，也就是斷除心的戲論——本來執著心為真實的、不是空性的，經過細微分析印證後，了知心是空性的。如果能夠證悟到心的實相是空性的，就能夠證悟到一切法的實相，因而能夠證實出一切法的空性了。

## 修持的要點

以上是針對見地上最重要的心要來做開示，接著講解有了正確的見地之後，應該如何修持的要點。

> 有相無相觀修法門廣，生次明空雙運為奧義。

奧義法指的是這一章中所開示的內容，是我們修行時必須掌握的甚深要領。修行上有很多的觀修法門，大致可以分為「有相的觀修」與「無相的觀修」。例如，本尊生起次第是屬於有相的觀修法門，本尊的圓滿次第則屬於無相的觀修法門。在圓滿

次第的觀修法門中，也區分為有相的圓滿次第與無相的圓滿次第，例如，觀修脈、氣等修法，是屬於有相的圓滿次第觀修；至於無相的觀修，指的是對心性的觀修。

因此在這麼多有相、無相的觀修法門中，最殊勝、最深奧的觀修方法，就是藉生起次第的觀修來融合空性的義理。也就是，當我們觀修生起次第時，不僅是將本尊的形相觀想清楚——在「明」的部分，做修本尊的同時，亦暸解明的顯現與空性的本質兩者是無二無別、雙運雙融的。

在顯宗經教部的教理中，也有談到需要將空性與慈悲雙運、智慧和方便雙融的二資糧雙運的修持方法；在金剛乘中也提到明空雙運、生圓雙運的觀修，也就是觀修本尊的同時，應該將生起次第與圓滿次第兩者融合來修持。所謂的生起次第，就是對本尊的身相非常清楚地觀修；圓滿次第則是了知一切都是心的體性。如此將生起次第中明的部分與圓滿次第之空性兩者完全融合來修持，這是本尊觀修中最重要、最深奧的義理，也是最殊勝的修持法。

## 奉善斷惡精進行

解行妙高粗鄙雖各異，精進奉善斷惡為奧義。

　　本章談修行的「見、修、行、果」四層義理，前面已經說了「見」與「修」，第三個部分接著講「行」。

　　「行」有各種不同的種類，譬如在小乘中有小乘修持的「行」，菩薩乘有菩薩乘的「行」，進一步在金剛乘則有金剛乘的「行」。之所以有非常卑下的、非常高次第的、非常粗鄙的或非常平和的這麼多「行」上的差別，是因為眾生在修行中有各種不同的見地及修持方法，所以就產生了各種不同的「行」。然而，在這麼多高下、粗鄙不同的「行」之中，對修行人而言，怎樣的「行」是最重要的呢？就是在一切的修行中，必須時時瞭解善惡取捨的道理，盡自己最大的努力去修持所有的善業，並且應當盡己之力去斷除一切惡業，依此而做就是最殊勝的「行」。因此，蓮花生大士在一個開示中說：「縱使你修行的見地高廣如虛空，在行上，仍然要如同麵粉般非常細微地善加取捨。」縱使你已經證悟空性，了悟到善惡是無有差別的，在修行中的「行」仍然要非常細微地取捨守護，對所有的善業，要盡一切能力去積聚；對一切的惡業，不論多麼細微，都要努力斷除。

　　有些人說：「善業與惡業的體性是相同的，都是空性。因此，善業與惡業都沒有真實作用，行善與造惡是沒有什麼利益的。」產生這種想法與見地是錯誤的，這與佛法修行的見地相互違背，屬於外道，也就是落入了所謂無善、無惡之「斷見」的見地中，是一種非常惡劣的見地，修行人絕不能生起這樣的意念，反而要努力行善，盡力斷除一切惡業，這就是「行」的

要領。

在勝義諦中，一切的善與惡都是不成立、沒有分別的；然而就世俗諦而言，仍然有緣起上的差別。例如，就勝義諦而言，水、火等並不是真實存在的；但在世俗諦的境界中，水有濕潤、涼的作用，火有熱的作用，我們碰到火時，會感覺到被燒傷，有熱的感受，這就是在世俗諦中緣起所具有的能力。又例如，我們積聚了善業，因此會感得樂的果報；造作了各種惡業，自然會產生痛苦的果報。因此，我們所有的「行」都要依循著正確的見地不斷地修持，即使已經證悟到相當高的見地，並了悟一切都是空性的，仍然要非常微細地去修持、積聚所有的善業，並且努力斷除一切惡業，這才是「行」最深奧的義理。

## 對果的確信

> 證果之時所證雖多示，但不錯亂見地、修、行者，
> 確信「必獲果證」為奧義。

本段是講解「見、修、行、果」中的「果」，也就是得到解脫。在顯密各派的教理中，都有講到解脫時的境界與所證的果是如何，其中最殊勝、最深奧的解脫，就是我們能依止非常正確的「見、修、行」來無誤地修持。在見地上，依止大手印、

51

大圓滿的見地而行持；在修的方面，則依止生起次第、圓滿次第等各種有相、無相的禪修方法；殊勝的行即是精勤地行善去惡。如此正確無誤地確實修持「見、修、行」三者，在內心中實際生起確信——相信空性，內心堅定地確信修行的見地就是這個樣子；在觀修上，正確無誤地依止生起與圓滿二次第來修持；在行持上也正確無誤地做，從內心裡生起正確的「見、修、行」的義理，依於此而進一步產生確信的定解，也就是對其義理詳實地瞭解並生起確認，這即是透過行持而邁向果位的深奧法門。有一些修行者雖然接受了某些見地，但心裡卻沒有生起確認，因此那些見地對他而言，並無法產生真正的、深切的幫助。所以，最深奧的「果」，就是依止正確的「見、修、行」來實修，並且由衷地生起確認的定解。

譬如佛法在修行上有這樣的見地：「一切法都是空性的。」如果我們內心對「一切法都是空性的」無法真正生起完全的確信的話，還是沒有辦法對治自心的我執與無明。因此，在修行中對任何的修行見地，都要真正生起非常清楚而絕對的確信，這是非常重要的。

在「修」的方面，當我們依止生起次第與圓滿次第來修持，於生起次第中，對一切世俗的境相生起清淨觀，了知一切的顯相都是本尊的壇城，亦即本尊的莊嚴身相。如果內心對這種修行方法沒有真正生起清楚的確認，縱使已經將本尊的身形觀想得非常清楚，仍然無法對治自己的貪、瞋、癡，自我對世間的「能、所」二執還是無法斷除。為什麼呢？因為我們對於「一

切現象都是本尊清淨莊嚴的境相」之修行法沒有生起真正的確
認，所以無法成為對治法；如果能真正地生起確認，自然能斷
除我們對世俗諦中一切境相的貪愛、執著與瞋恨的意念，甚至
也能完全斷除「能、所」二執的意念，因此生起正確的定解是
非常重要的。

## 避惡與迴向

為利教故極重無間罪，雖於登地菩薩無遮障，
吾等恐懼三惡趣之故，勿染毫許墮罪為奧義。

有時候我們為了要做利益佛法的事，也許會造作一些極為
嚴重的罪業，例如，為延續佛教，當經濟發生困難時，變賣供
奉在寺廟中的佛像、法器或古傳的加持物、經典等。對於登地
以上的菩薩眾，也就是已經斷除我執的修行聖者而言，他們為
了利益眾生、保護及宏揚佛法，有時會施行誅法來降伏或摧毀
障礙教法的仇敵，以至於造作了一些我們認為很深重的惡業，
但是這些並不會成為不善業，因為他們是為了維護佛法，全然
沒有任何自利的意念與我執、貪、瞋的心，所以這樣的業並不
會構成不善業。

但是對於凡夫眾生而言，造作惡業會感得痛苦的果報，行

善則會感得快樂的果報。我們有著我執、貪、瞋、自私自利的心，如果以這些為動機而造作重大的惡業，必然會感得三塗惡趣的無量痛苦。因此在修行的層次上與境界上，我們必須努力遮止任何微細的惡業，哪怕只是一點點都不可以造作，這是非常重要的。我們不能僅為求自利，為了利益佛法，應該極力避免身、口、意三門造下深重的惡業。

> 上供下施書寫或讀誦，無有自利唯存利眾生，
> 三輪體空迴向為奧義。

當我們透過身、口、意三門行持佛法，例如，透過此身做各種的外在供養──上供一切諸佛菩薩，下施所有三惡道的有情眾生，甚至於書寫、讀誦經典時，心中不要存有任何為求自利的意念。我們行持所有的佛法一切善行，都是為了利益眾生。至於我們的善業要如何迴向給眾生呢？應該以「三輪體空迴向為奧義」，而「三輪體空」就是對於三輪無所緣地迴向。做迴向時，有迴向者（自身）、所迴向的善業以及接受迴向之對象（一切眾生）三輪。我們必須了悟三輪的本質都是空性的，內心對於三輪沒有任何執著，不會認為三輪是真實的，或者還執著有一個能迴向的自我，繼而安住在對空性的了悟中。

如果內心對空性的義理沒有真正的了悟，就無法實際生起三輪體空的行善與迴向。話雖如此，我們修行時，仍然可以隨

順著三輪體空的義理來做迴向。在迴向時，心中生起「迴向者、所迴向的善業與受迴向的眾生三者都是空性」的意念，因而對此三輪不起任何執著、執實的意念。如果能夠如此安住於三輪體空中來做迴向，即是一切迴向中最深奧的方式。

當我們還沒有究竟了悟大手印、大圓滿的境界而能夠做三輪體空的迴向之前，迴向的時候，可以先觀想自己前方上空顯現出一切的諸佛菩薩，之後再祈願：「觀想諸佛菩薩放光加持利益一切有情眾生，我們也如是地隨喜來做迴向。」

第一奧義法教歌完畢。

最後一句是標題，表示這是第一章甚深法教之歌。本章講到一切修行法教的甚深義理，並且以歌的方式做開示，所以稱爲「第一奧義法教歌」。所謂「奧義」，就法上而言，本修持心要屬於一種很深奧的教法；但更重要的是，就修行而言，其修行義理對我們自心的利益也是最深奧的，因此稱爲奧義的法教歌。

以上就是第一章奧義法教之歌的內容。

# 2.

# 人身難得奧義之歌

## 境相無實

　　前面不斷提到外界的境相本身是無實的、沒有眞實性的。成就者惹瓊巴和密勒日巴有一則小故事。有一天突然間下起冰雹，密勒日巴便躲到牛角裡去，惹瓊巴在外面找不到他。當惹瓊巴看到密勒日巴在牛角裡面時，密勒日巴的身相還是原來的大小，並沒有變得比較小，而牛角也沒有因爲密勒日巴進到裡面而變得比較大。這個故事告訴我們：因爲我們有強烈的執著，認爲牛角只是小小的東西，而人的身形是很大的，覺得兩者的大小有顯著的差別。但是對於密勒日巴這樣的修行證悟者而言，已經完全了悟一切諸法的大小並沒有任何眞實意義，諸法是空性的，因而能夠自在地達到平等的境界。對密勒日巴尊者而言，大小是同一個體性，所以他顯現出這個神奇的景象。

　　在彌勒菩薩的五部大論中，講到關於般若的《現觀莊嚴論》中提到：「如果有情衆生能夠對食物的口味及味覺不生起任何執

著，就能體會到如同佛所體會的美味。」佛陀是一切智者，實際證悟到空性，知道一切好壞、美醜都是不眞實的，所以在品嚐食物的時候，能夠了知最究竟、最眞實而清淨的味道。凡夫則不然，由於個人的貪著與習氣的影響，我們用自己對味道的執著來品嚐食物，自然無法感受到食物本來具足的味道。

《般若心經》中也提到：「無色、聲、香、味、觸、法。」更進一步講到：「無眼、耳、鼻、舌、身、意。」這就是在告訴我們：「就境相本身、法的本身，並沒有任何的眞實性，並不是在講沒有眼睛、鼻子、耳朵等等。」《心經》另外有四句講到：「色即是空，空即是色，色不異空，空不異色。」首先講解「色即是空」，意思是指「色就是空性」。爲什麼呢？這裡所強調的是「色本身就是空性的」，並非因爲經過禪修的思惟、觀照，或是因爲佛陀的慈悲加持才讓色變成是空性的。由於色的本質就是空，所以說「色即是空」。因爲凡夫迷惑且不瞭解的緣故，把原來是空性的色認爲不是空性的，所以需要經過禪修才能實際了知色的本質就是空性。

第二句是「空即是色」，爲何要重複講「空即是色」呢？當我們講「色即是空」的時候，一般錯誤的執著會認爲色的體性是空，所以是色融入於空；而講「空即是色」，則是爲了避免我們落入所有一切色的本質就是空的這種斷滅空的情境。

空與色兩者是無別的，所以第三、第四句講「色不異空，空不異色」，都是不斷地強調空、色是一體的，同時存在，沒有任何差別。這兩句是爲了再一次強調空、色兩者是無異的、是

相通的。

如果在色之外還有一個空性的話，那麼空、色兩者便是不同的，佛陀也就不會說「色不異空」。佛陀告訴我們，色與空是相通的、是一體的，並不是在色之外還有空性，在空性之外也還有色。所以，「色不異空，空不異色」是在強調色、空兩者是無別的、是同一的；如果色與空有差別的話，那麼，色會異於空，空會異於色。

經典中也提到，無論佛陀說了也好，不曾說過也罷，一切諸法的法性都是空性。因為這樣的緣故，不論佛陀是否說過涅槃，或者有沒有說輪迴，它們的實相一直都是空性的，體性上並沒有任何差異。在實相上，沒有所謂輪迴是不好的，而涅槃是很好的差別，輪迴與涅槃的體性都是一樣的。

既然一切外相、色相本身都是無實性的、是空性的，為什麼我們面對外境時會產生這麼強烈的執著呢？這是由於我們內心迷惑，不瞭解本性是空的一切法相，因而產生種種錯誤的妄念。當我們內心強烈地執著時，所摸到或看到外境一些有具體形相的器具或美景，例如山水、石頭等等一切事物，馬上會認為這些是真實的，反而會懷疑那些事物怎麼可能會是空性的呢？這些事物摸得到、看得到、感受得到，是那麼地真實，怎麼會是空性的呢？此時，我們內心就會生起強烈的執著。想要破除這種迷惑，應該觀察內心對外境的認知是否有偏差，並對認知的結果進一步分析。就像我們看到眼前這個寶瓶，內心便對於此外境產生認知的相與量，此時便需觀察這樣的認知究竟是對

還是錯。當自己觀察並認知後，將會切實瞭解原來的認知和判定是錯誤的，進而體認到寶瓶並不是實有的，確實是空性的。

此外，以一般世俗的標準為認知的依據，也是一種錯誤的方式。一般人認為外相的法是實有的、真實的，這種認知只是概念性的，根本不曾經過觀察、分析與覺照，只因為大家講那是真實的，於是我們就認定這是真實的。但是這種認知是錯誤的，因為現在我們的心識正處於一種迷惑的狀態，以此狀態來認知外境時，所體解的量本身就不一定正確，因此我們必須好好地覺照自己的認知。

至於我們怎麼知道現在對外境的認知，是出自於迷惑的心識呢？佛陀在《禪定王經》中說：「凡夫對於眼、耳、鼻、舌、身、意之對境所生起的認知，並不是正確的量。」為什麼呢？這個道理非常容易瞭解。如同前面所做的比喻，如果現在我們眼睛所見到的現象就是究竟的量，那麼這個量無論到什麼地方一定不會改變，不會因為身處異地而有不同的結論，所以眼睛所覺受的量並不是正確的。凡夫內心充滿了無明，所以對空性沒有真實的了悟；而修行有成就的聖者們，因為已經確實了悟空性的緣故，其眼、耳、鼻、舌、身、意所對的外境的量是證量，與凡夫所體驗的量是不同的。

在此以病人做比喻：如果有人得到肝膽方面的疾病，導致眼根產生變化，他所看到的白色東西會變成是黃色的。如果他不知道是因為生病而使眼根產生變化，便會堅持自己所看到的東西是黃色的，而不是正常人所見到的白色。這就是由於眾生

業力不同的緣故，因而顯現出不實的現象。

　　所有的外境只具有顯現的外相，並沒有真實的體性。月稱菩薩在《入中論》中說：「就像有一個人在夢中被老虎吃掉一樣，這種恐懼的境相是真實地被感受到；但是等到他從夢中醒來後，再看看是否還有這樣的顯現？」我們做夢的時候，老虎、山野、岩石等等許多的境相，都會在夢中顯現，在夢沒有清醒之前，我們心中顯現出這些景象，也確實讓我們真實地感受到恐懼。

　　同樣地，如果夢中顯現的是歡喜、快樂的境界，我們就會非常高興；而碰到慘痛、難過的事，則會感到痛苦。雖然我們知道這是夢，但是只要沒有從夢中醒來，就會一直在夢境中迷惑著。當我們醒來時，無論曾經做過什麼夢，只要再去觀察，便能清楚地知道夢中的一切都是不真實的。當我們開始這樣去觀照夢境時，就會覺得非常可笑，夢中那些高興、歡喜的事，其實都是子虛烏有的；而在夢裡為了難過的事一直哭，更是毫無意義。所以，如果我們真正瞭解到因為無明迷惑的關係，自己一直被不真實的外境所苦惱，一旦從迷惑中覺醒時，所有障礙我們的外境都將失去力量，就好像從夢中覺醒一樣，我們會確實了知到一切只是一場夢，因此夢裡的喜樂、煩惱等境相，就不會對我們造成任何傷害。

　　過去成就的上師們也曾經開示：「夢有所謂的大夢、小夢，長夢、短夢。」我們現在活著的時候，就是一場「長夢、大夢」；因為我們睡覺的時間很短，所做的夢就是所謂的「短夢、

小夢」。現在我們對於外境的種種覺知,都是源於個人宿世習氣所顯現出來的認知,就和夢中的情境一樣,沒有差別。我祈願大家無論在長夢或是短夢中都能夠快樂,一切如願成就。

## 善用難得的暇滿人身修持佛法

在第二章裡談到暇滿人身難得,現在我們既然已經得到這個暇滿人身,應該要有什麼正確的認知呢?我們應該好好把握這個寶貴的暇滿人身來做有意義的佛法修持。

> 給瑪霍
> 稀有哉
> 時劫雖長罕得妙法宣,器間雖多罕得佛世間,
> 佛雖住世罕得法廣佈,六道眾中罕得入人間,

「劫」是相當長的時間單位。每個世界都會經過形成、安住、毀壞、消失四個階段,而成、住、壞、空的輪迴過程,即形成「劫」的時間單位。在「劫」的單位裡有各種不同的時劫,在這麼多漫長的時劫裡,有許多時劫是沒有佛法的,有佛法宣揚的時劫則非常少。有佛法宣揚的時劫,稱為「光明劫」;沒有佛法宣揚的時劫,稱為「黑暗劫」。在所有的時劫裡,「黑暗劫」比「光明劫」更多。

　　在「光明劫」裡有無數的世界，當中也不是每個世界都有佛出世，只有少數的世間有佛出世。佛之所以會出現在那個世間，是因爲佛所應化的世間中，弟子們具有福報，以及佛陀以大慈悲心加持他們的緣故。至於佛出世轉法輪所開示的教法能夠長久住世的情況也是非常少的，佛法住世的時期往往也非常短。所以投生在「光明劫」中，又能夠聽聞深奧的佛法，是非常稀有的；能夠投生在有佛住世的世間，同時佛陀的教法又能夠住世，也非常難得；佛陀的教法雖然能夠住世，假使我們不是投生在人道的話，也沒有辦法聽聞佛陀的教法來修學。在六道中，要投生爲人的機會是非常稀罕的，爲什麼呢？因爲要得到這樣的人身，必須積聚無數的福德資糧。

　　我們看看自己眼前，眞正能夠累積的善業福報實在非常少。因爲過去生有累積福報，才能感得今生投生在人間，這是極爲稀有難得的。一般我們在世間所造作的，屬於善業的部分非常少，屬於惡業的部分則相當多。如果從數量上來比較的話，也可以知道投生在人道的衆生是非常稀少的。比如說投生在地獄道的衆生如同山中的塵土這麼多的話，鬼道的衆生比地獄道的衆生少，畜生道的衆生又比餓鬼道的衆生少，投生人道的衆生則是最少的。我們看不到地獄道和餓鬼道的衆生，但是就我們可以看得到的人道和畜生道來思考：在一個小小的特定地方，畜牲道的數量就遠遠超過人道衆生的數量。

> 四大部洲罕生南瞻部，南瞻部洲罕生聖教地，
> 雖生其中罕得諸根具，諸根雖具罕得思正法，

投生在人道當中，有所謂的四大部洲，在四大部洲裡，南瞻部洲的眾生是最有福報的。因為南瞻部洲的眾生對業報因果具有深切的信心，當他們聽聞佛法後，很容易就能契入佛法的修行，並且努力地修持善業，這是跟其他三個部洲不同的地方。如果有這個因緣投生到人道，而且投生在南瞻部洲的世界中，又投生在有佛法住世的國度，還得到五根具足的寶貴人身，這是非常稀有的；而能夠諸根具足，內心又充滿對佛法的喜樂，想要聽聞佛法並努力修持的人，更是極為罕見。

> 雖欲學法罕得具德師，雖遇良師罕得妙口訣，
> 雖得口訣罕得妙熟灌，此皆具足罕得見自心。

雖然我們具足諸根，內心又有求法的意樂，但是能夠值遇一位能引導我們在佛法上正確地取捨、修行的具德上師，則是非常稀有難得。如何身為一位具德的上師呢？具德的上師應該保有的特質是：

第一、對弟子和眾生具有無比的愛心，能夠確實地守護弟子。如果一位上師對弟子沒有愛心，做了他的弟子後，由於他沒有幫助弟子修行的心，縱使他非常有智慧、有修行，具有各

種善巧方便，證量也很高，但是他對弟子的心續還是無法產生任何利益。

　　第二、上師能切實了知因果、善惡之取捨，對一切修法的次第、一切的法門，都能深入地修持，並且具有無比的智慧。當他向弟子開示法要的時候，必須對此法要做如法的觀修。如果他不瞭解弟子的修持與行善棄惡的方法，即使有心想幫助弟子修學佛法，也無能為力，因為他自己並不懂得要怎樣如法地開示佛法。所以，對法精通是具德上師應有的第二個特質。

　　第三、上師如何教導眾生修行，自己也是如此盡力地如實、如法而修，並且有一定程度的覺受與證悟。如果修持得到證悟，弟子就常常能夠領受到上師的慈悲與加持，在上師開示的時候也會感受到：「上師是如此地教導我們，而他本身也是這樣修持，所以我們應該如同上師所說的去做才對。」所以上師自己要盡力做到這一點。

　　能夠具足這三項條件者，我們便稱他是一位具德的上師；如果沒有完全具足這三點，多少總是有一些缺失、遺憾，就不能說他是具德的上師。所以能夠遇到具德的上師，是非常稀有難得的。

　　得遇殊勝的上師之後，又能從上師處領受到甚深的修持口訣，進一步接受到能真正成熟我們心續的灌頂，則更是稀有難得。甚至於得到深妙的口訣與領受到成熟心續的灌頂這些條件都具足了，在修行的過程中又能夠如實了知一切法的真實意義者，是更加稀少的。

一切稀有現今已具足，非為湊巧實為昔願發，
願於此生不負此輪轉，否則如彼遊於珍寶園，
惋惜其入寶山而空回，爾後如是圓滿可否得？

　　一切稀有、難具足的條件，例如，值遇難得的具德上師、得到深妙的口訣、成熟的灌頂，甚至於最前面所講的能夠遇到光明劫、出生在佛世間、值遇佛法住世、投生為人等等，我們現在都已經具足了。之所以如此，並非湊巧或偶然，而是因為過去我們曾經累積過許多的福德資糧，也曾經發過這樣的願力，所以才能在這一生中具足所有圓滿的條件。既然得到這麼殊勝的條件，如果我們沒有在這一生中精進地利用寶貴人身求得究竟的解脫，不努力修行，反而將生命浪費在世俗中無意義的嘻笑吵鬧等等煩雜的事情上，就如同一個人到了一座珍藏了許多稀世珍寶的寶山卻空手而回，是非常可惜的；以後他是否能夠再具足這麼殊勝圓滿的條件，就不得而知了。

　　龍樹菩薩也做了這樣的比喻：「有一個人擁有一件由各種金銀珠寶所做成的珍貴容器，卻沒有好好利用，反而用來盛裝污穢骯髒的東西。」同樣地，我們已經具足暇滿寶貴的人身，若不好好地善用在修行上，反而浪費在繁瑣的世俗事物上，是非常可惜的。

> 尤是無上密咒金剛乘，彌勒如來以降之千佛，
> 將無宣說學密誠無望。

　　特別是在佛法裡，能夠引領我們在一生一世中就修行得到究竟成就的殊勝金剛乘教法，除了賢劫千佛裡的釋迦牟尼佛有宣說之外，在彌勒佛以後，將不會有宣說金剛乘教法的機會，所以金剛乘的教法是非常殊勝的。金剛乘教法在一切佛法中之所以殊勝，是因為其所修持的道法能夠快速地獲得成就，而且修持的方便法門也很多。

> 是故於此難得圓滿身，於得獲時若不善珍用，
> 毋須多時變酸任自棄，或為燃料抑或畜牲食。

　　我們現在得到暇滿的寶貴人身後，如果不加以善用做一些有意義的事情，時間只會慢慢地蹉跎過去，有朝一日，我們的色身生命必定會終了，屆時將再一次面臨死亡。現在我們因為投生在人道，所以具足了比其他五道的有情眾生更好的智慧，可以用來行持善業；相反地，如果我們利用人身及智慧來造作惡業，就會招致更大的惡報。所以寂天菩薩說：「如果我們能善加利用這個人身，它確實是非常好的，因為藉由人身的修行，能夠得到究竟成佛解脫的果報；但是如果不加以善用，這個人

身也可以說是非常不好的，因爲經由人身能夠造作墮入三塗惡道的重業，反而是墮生三惡道的種子。」所以，人身本來就具有很大的力量，好好加以利用，能夠令我們往善道繼續前進，直至成佛解脫；沒有好好地利用，也只是不斷地造惡，終致墮生到三塗惡道，因此好壞端看我們怎麼運用這個人身。

得到人身是非常寶貴且具有龐大的力量，得到這樣的人身後，如果沒有妥善運用，不僅自己沒有辦法受益，甚至無數的有情眾生也會因爲我們所造的惡業而受到傷害。所以，如果不能妥善運用這樣一個具有廣大力量的寶貴人身，努力修行，當有朝一日生命終了時，我們的內心將會很惶恐，屆時肉身充其量只不過是變成鳥的食物，例如死了以後天葬時被兀鷹吃掉；或者是火葬時成爲火的燃燒材料，抑或是成爲蛆蟲的食物。

> 是故若無善行則行善，所求戒律誓言清淨守，
> 於諸吉日守護齋日戒。

我們思惟並觀察自身的所作所爲，如果是非常沒有意義的，當下應該生起清淨的意念：「爲了自己及一切有情眾生的利益，以及此生和來生的究竟利益，我們應該努力行善。」對自己曾經接受過的戒律和發過的誓願，應該清淨地去守護。在佛制定的如初八、十五、三十等等的吉祥日裡，應該努力受持八關齋戒。

> 善用雙手恆常行百拜，善用雙足朝繞諸聖地，
> 善用口舌誦咒及行法，善用財富供施積資糧，
> 善用心智觀修悲與空。

　　要將我們的雙手好好地運用在積聚善行的法門上，只要是對眾生有益的事就努力去做，並應該多行禮拜。同樣地，要妥善運用雙腳去朝禮聖地，只要是能利益一切有情眾生的事業，都應該努力去履行。我們的嘴巴則應該善用於持咒，例如持誦六字大明咒或是上師曾經教授過的法門、經典等等，不要把口舌浪費在無意義的綺語、兩舌等妄語上。要善用我們的財富去行供養與布施，藉此累積福慧資糧。最後則應善用我們的心智，努力觀修空性、慈悲與菩提心等等。

> 此刻四大所假之幻身，妥善運用身滅心無礙，
> 譬備良駒、道糧之商旅，雖須遠行亦無諸苦惱。
> 第二難得人身奧歌完畢。

　　我們所擁有的肉身，是向地、水、火、風四大借來而假合的身體，如果能夠妥善運用於行善、修持的話，當面臨死亡，身軀要歸還給四大的時候，內心自然不會有任何遺憾或罣礙。相反地，如果你跟別人借了一樣東西卻一直沒有使用——原本

借來是爲了要做某些事情，然而卻一直沒有運用——等到有朝一日必須歸還的時候，你就會想：「當初爲何沒有好好地利用呢？」心裡難免會有遺憾。倘若能善用此身體來修行，就好比一個旅客即將遠行前，把路途中所要用到的資糧與良駒都準備好，當他準備動身時，知道旅途中將不會遭遇任何困難，因爲一切都已經準備妥當。

這就是第二章人身難得奧義歌。

## ◎法義問答

問： 顯教說三大阿僧祇劫能成佛，密宗說當生成佛，但是我們依萬法皆空去思考的話，一個是長的，一個是短的，這個量是不是有時候不會是這樣？

答： 這樣的時間是從方法上、修持上來說的。精進修行的人並不一定需要三大阿僧祇劫的時間，顯教說修行需要三大阿僧祇劫的時間，未必如此。經中所說不要固執地認爲必須經歷三大阿僧祇劫，爲什麼呢？三大阿僧祇劫時期所總集的資糧是一定要達到的，但是有些人以極大的精進力與善巧方便力來累積資糧，將原本需要長遠時間的所有資糧總集在一起，縮短了累積資糧的時間而成佛。顯教和密宗的修持之道迅速與否，差別是很大的。例如密勒日巴尊者就是一生即身成佛的例子。

所以，圓滿佛果的修證時間並不是一個固定的量，一位菩薩若能精進善巧地修行，成佛時間會比較快，而有些人則須經過三大阿僧祇劫才能成佛，因此修行的時間並沒有固定的量。

三大阿僧祇劫的時間和一生一世的時間，體性皆是空性，並沒有差別。雖然這是就時間本身的實相、本性來說空，但是在顯現上，則有三大阿僧祇劫和一生的時間兩者的差別。剛剛所說的，是就顯現上時間可以被計算而安立來說的，然而時間在實相上是不成立的。

問：「明空不二」與「空樂不二」如何修？

答：「明空不二」是心的實相——空性與心的明性（心不像虛空般空無一物）兩者雙運。「空樂不二」是什麼呢？空性和現在心的空性一樣，所謂的樂，不是我們一般所感受到的樂，在心的實相、空性上，無論何時也不會改變。如果有改變的話，在能執之心上會有感受。心沒有這樣的改變、摻雜、妄想的感受，此樂是沒有如此改變的樂。心的實相、空性是如上所說般沒有改變、摻雜、妄想的苦之感受，如此的心的實相叫做「空樂的智慧」。「空樂不二」是指在心的實相、空性修持時，要在空樂上修。

問：修大手印時，如果隨時可以保任「明空不二」，是不是就可以不用唸那些儀軌，像密勒日巴尊者在山洞中精進

70

地修行一般？

答： 能正確地認知心的實相，可以在那種境界中修持的話，沒
有很強的其他有漏善也沒有關係。但是在未成佛之前，我
們需要累積有相的福德與無相的智慧資糧。大手印的修持
是空性智慧的資糧，其他的布施、持戒等是福德資糧，兩
種資糧不同，所以都需要。

問： 修大手印的話，其他儀軌可以不修嗎？

答： 若能修持到大手印見地的境界，就再也沒有其他更高的境
界了。但是能學到如大手印的見地，且又能累積福德資
糧，當然更好。在大手印見地之外，若能做課誦和行善利
他等一切善行，即是二資糧雙運的修持。

問： 雖然有一生即身成佛的方便，但是凡夫眾生卻沒有那種
根器來修持。真的可以一生即身成佛嗎？

答： 在法和人是不同的情況下，是有將三大阿僧祇劫中累積的
資糧總集於一生修完的法，但是能不能修持則要看個人。
進入金剛乘修持的人，不一定能於一生修完三大阿僧祇劫
的資糧，但是法本身是有這個能力的。修習法的人能不能
完全按照法來修持是另一回事，兩者有所不同。

問： 如果修不成會怎樣？應該怎麼修呢？

答： 入於金剛乘依此而修，如果三大阿僧祇劫的資糧在一生中無法成辦的話，那麼在此生中即無法成佛。修持時，需要從共通的前行轉心上去學，然後次第地學習生起次第、圓滿次第及大手印、大圓滿的見地。

問： 昏沉時，明性在哪裡？昏沉時，知道自己在昏沉，這個算是明性嗎？可是我知道自己在昏沉之後，可能過了五分鐘就什麼都忘掉了！

答： 那樣並不是心的明性。心的明性是心的實相，是就智慧上來說的。在空和智慧兩者中，智慧是「明」。

# 3.

# 思惟無常與業報因果之歌

## 生命無常

　　大悲觀世音菩薩開示的《大手印、大圓滿雙運修持心要》，包括「前行」、「正行」與「迴向」三部分。「前行」包括「共通前行」及「不共前行」，在此先講「共通前行」。在「共通前行」裡有能夠轉變對此生及來生的執著的四種思惟。首先為了斷絕我們對此生的執著，先思惟暇滿人身難得及生命無常；接著為了斷絕對來生的貪著，則思惟輪迴的過患與業報因果。第二章已經講解了暇滿人身難得的部分，第三章便接著講生命無常。

　　為什麼要轉變我們的心識？如果我們的思惟心一直貪戀著此生的種種，將鮮少有機會能修持佛法善業。為了使我們的心不再強烈地貪著此生，因此應該以正確的思惟來斷除一般凡夫錯誤的想法，所以要轉變心念。

　　如果我們已經斷除對此生的貪著，也修持了各種善業，卻

又生起這是為了來生的利益而修持的意念，因而產生對來生的執著，這仍是不究竟的。應該要確實生起出離輪迴的決心，為求得真正的解脫而修行。所以在這四種思惟的後面兩種，是為了斷除我們對來生的執著，並生起真正想從輪迴中出離，以得到究竟解脫的堅定信念。

> 給瑪吉呼阿咱瑪那昂
> 外器世界終為水火滅，歲月無常生肖次第還，
> 四時節氣冷暖色顏改，日出日落須臾剎那逝，
> 有情生老病死無可遁，無常變化猶若水波紋，

「給瑪吉呼」藏文的意思是：「非常痛苦啊！」這是感受到極端痛苦所發出的呻吟。整句的意思是：「實在非常苦啊，這一生的輪迴真的很痛苦！」那是打從心底真正生起對輪迴有如實感受的哀嘆。

接下來說明無常。在觀察無常時，我們可以經由三個次第來思惟：第一、思惟外在器世間的無常；第二、思惟時間的變化無常；第三、思惟一切有情眾生的無常。

### 外在器世間的無常

一切外在器世間是由於眾生的業緣而次第生起的，一切有為法也終究會因為無常變異而慢慢毀壞。如果我們從現象上觀

察，外在器世間一定會依序從地、水、火、風慢慢開始分解、毀壞、消滅，所以大家要確實地思惟無常。

## 時間的無常

如同外在器世間的無常一樣，歲月一天一天地交替更換，一年一年地變遷，每年的生肖也次第轉換，所以時間的變化是很無常的。我們對一天二十四小時、三十天一個月、十二個月稱爲一年的時間觀念，感覺上是不停的變動。想想看，去年已經過去了，現在是今年，而現在也過了，下一年我們說是明年，明年會來，今年則將逝去。時間就像生命的本質一樣，也是無常的。十二生肖裡，鼠、牛、虎、兔不斷地輪替下去，時間並不是恆常不變的，而是一年一年地不斷變遷、逝去。藉著這樣的思考，便可以明瞭時間本身就是一個無常相。想想我們從母胎出生後，一天天、一年年不斷地長大，到現在每個人或是二、三十歲，或是四、五十歲，或是六、七十歲，這個時間也是無常的。從過去到出生，時間不斷地流逝，過去的過去了，未來也不斷地來到，這些都是無常相。再觀察一年有春、夏、秋、冬四季，三個月一個輪替，每個季節裡，大地的景色都不一樣，這也是無常的顯現。在時間上，從年、月到日都是無常的，每一天從早到晚，從日出到日落，時間一分一秒、一刹那一刹那地流逝，這些全都是無常相。

### 眾生的無常

接著思惟世間的有情眾生也是如此。從出生到老、到生病、到死亡，每位眾生都會經歷生、老、病、死的過程，無可遁逃，終將邁入死亡。這些無常的變化，就好像水面上的波紋一樣。

接下來，用各種比喻來瞭解無常的道理。

> 幻作有形一切有為法，無一能得恆常住於世。
> 生乃必滅、堆疊必傾廢，盛必衰敗、積聚必耗損，
> 聚散離合無法可遮障。

佛陀說一切有為法都是無常的，沒有一樣能長久存在。我們先從生死現象來瞭解有為法的無常，再從一切有為法都是虛幻的引申出下面的道理：生終必死，堆疊建設終必毀壞；興盛終必衰亡，積聚終必耗損，甚至聚合的人們也終必離散，這些都是從一切有為法皆為虛幻延伸而來的。

生終必死，只要有出生，最後的結果一定是死亡。達摩祖師（西藏稱為「帕黨巴桑傑」）到中國來，對佛陀的教法做了很多開示。他說：「當有情眾生出生的同時，已經準備迎接死亡。」小孩剛生下來時，就已經具備死亡的特質了。

所有人為積聚、建設起來的事物，例如房子、佛堂等等，這些建築終究會毀壞。從歷史上來看，我們知道許多重要的建

設，最後都變成古蹟，甚至衰敗荒廢。即使以人為的力量百般努力地不讓這些建築物毀壞，但是所有積聚的建設仍舊會傾覆。

所有興盛的事物都會衰敗，不管你具足多少生活所需的各種物質，或者擁有多麼高的權勢、地位，當你身處其中時，這些就已具足終將衰敗的結果。我們都看過許多有權有勢的人，當他們到達高峰時，必定開始衰退，這就是世間相。所有我們努力積聚的財富或有形的事物終將會衰敗，從歷史上就可以看到許多例子：不管人們積聚了多少，最終將會耗損。

所有聚合的人們終究會離散，例如我們的父母、兄弟、姊妹、朋友，不管感情多好，仍舊會分開。不可能說他是我的好朋友，我們不僅這一世要在一起，還要生生世世在一起，這是不可能的事。

歸納而言，生者必死，興盛的終究會衰敗，積聚的必定會耗損，聚合者也必將離散，這是世間實際的無常現象，一切有為法都是如此，沒有人能永生而不死，積聚而不耗損。所以達摩祖師說：「家人就像商旅過客一般，齊聚在市集裡做生意，生意做完後就必須分散，所以在短暫的相聚中應該真誠地彼此對待，不要惡意地互相傷害。」

圓滿佛陀、緣覺、阿羅漢，乃至勝共成就諸大師，
人人終須捨棄此幻軀，漏網之人是誰於何方？

　　有情眾生如此無常，即使聖者如佛也是一樣。像釋迦牟尼佛的示現：經過無數劫的修行，征服種種無明煩惱，終於圓滿究竟的智慧功德而成佛，在此生的最後仍捨棄此幻身而入涅槃，更何況是我們一介凡夫呢？佛的弟子們經過修持，證得圓滿的阿羅漢果，最後仍舊進入涅槃；乃至菩薩眾們得到聖妙的果位，最後也是捨棄此生。同樣地，再想想印度的大成就者們，例如世間二殊勝、六莊嚴之八大成就者，還有無數智者、成就者如班智達等等，我們也沒有機緣親眼見到他們，只有看到他們遺留下來的文字，這就是無常。甚至西藏、中國的聖者們皆是如此，這也是無常。

> 梵天帝釋輪王諸勝眾，半洲主子漢、滿、藏、苗等，
> 諸大君王命終亦須亡，無福凡夫命終更何堪？
> 病魔四百障魔逾八千，魅害壽命無邊且無量，
> 宛若風中油燈何時滅？

　　一切聖眾是如此，那麼具有大福報者也是如此。那些具足大勢力、大福報者，如天王、大梵天王、帝釋天王，以及能統一四大部洲的轉輪聖王，乃至於世間的漢、滿、蒙各國的君主等等，時間到了，他們也會死亡。試想：他們的福報、權力如此廣大都必須一死了，更何況是如我們一般福報微薄的凡夫，根本不知道死亡何時會到來！死亡是無法預測的，原因非常多，

例如，病魔有四百零四種，外在的障魔有八千種，這些只是一種概略的數量，主旨是在講我們一生中會遇到的病痛及障礙是非常多的，並且無時無刻不在障礙著我們的生命。因為有如此多的障礙，所以死亡的時間是不一定的，我們也無法預測自己何時會死亡。

> 又如佳餚引領死刑囚，歲月遷流轉眼命臨終，
> 值遇閻羅死主何時至？

接著舉例來思惟無常。就像一個被判死刑的囚犯，就算給他最豐盛的飯菜，一餐接著一餐，他也只是離死亡越來越近。就像凡夫一天一天、一年一年地過，也是離死亡越來越近，只是不知道死亡何時會到來罷了。如同寂天菩薩在《入菩薩行論》中所講的比喻：「人一生的壽命就像容器中裝的水一樣，是不會增加的。」我們一天一天地過，正如容器中的水漸漸地減少一般，等到水乾涸時，也就是我們死亡的時候。

> 藥與照拂漸失其效用，閻主相會之期何時至？
> 譬若暮晚日落西山頂，無可挽回之期何時至？

當我們步入死亡時，會有一些感受。如果生病即將死亡，

縱使用各種藥材、方式去照料，也沒有任何幫助。雖然我們用平時賴以維生的食物、藥材來延續生命，但有時候這些對病人反而是一種毒藥，所以我們可以延續生命的方式其實不多。當我們死亡時，就像日落西山一樣，根本沒有方法可以讓夕陽不落下；同樣地，也沒有辦法停止死亡的發生。

> 親僕雖眾無力做引領，形單影孤之時何時至？
> 腰纏萬貫無意做旅糧，空手離去之時何時至？

不管我們現在有多好的眷屬、朋友、侍從及僕人，當我們死亡時，沒有任何人可以幫助我們，只有我們隨著自己的業力孤單地離去。不管我們現在有多少萬貫家財，死亡時，沒有一樣可以帶走，只有兩手空空地離去。如同龍樹菩薩所說的：「縱使是擁有無數財富的國王，死亡時沒有一樣帶得走，只有自己造的業如影隨形地跟著去。」

## 中陰身的境相

> 無資無伴荒地獨心慌，無主魂遊之時何時至？

當我們死亡後，會進入中陰的狀態。我們無法預知中陰的

狀態會是如何，因為它會隨著自己所造的業力、業風而產生種種的影像來障礙我們，此時我們只能獨自面對，那是非常孤單、恐懼的。

四大劇苦無人做分擔，「冀盼推諉」死所何時至？

當我們死亡時，地、水、火、風四大依序分解，比生重病時更痛苦。但是無論痛苦有多麼劇烈，卻無人能夠分擔，只能自己獨自面對。有時我們也會看到有人臨命終時，會請求醫生幫助他活下去；或是祈求上師加持，好讓自己的生命得以延續；或者告訴家人，要他們想辦法讓自己活著。但是如果時日真的到了，根本沒有任何方法可以讓他們活下去！也有人會在這種痛苦中產生一種念頭：「既然如此痛苦，倒不如趕快死，死了之後就什麼痛苦都沒有了！」這是錯誤的觀念，因為我們的意識跟造作的業是不間斷的，就像種子深植於土壤中，會跟隨著我們，我們還是會遭受到相同的果報。確實是有來世的，因為此生所遭受的種種快樂與痛苦，都是過去世所種下的果報；同樣地，此生所種下的因，也會在來世遭受果報，所以來世是真正存在的。

現在世界各地有很多人會記起他們前世的事情，有些前世是人，此生也投胎為人；有些前世是畜生，這一世則投胎為人。美國有一位科學家專門研究到底有沒有前世今生，他找了兩千

多人，運用各種方法做試驗，追查比對這些人所回憶起的前世資料，結果證實這些人、事真的存在，於是他便將這些資料編輯成一本書，專門探討前世今生。佛陀說人有前世今生，現在世界各地也有很多科學家在研究及探討前世，並且證明了佛陀所說的話。如果有人對此觀點還很迷惑，可以研讀這些書籍和資料。所以，我們此生的種種遭遇都跟前世有關，而此生所造作的因也會成為來世的果，千萬不要以為此生的所做所為跟下一世無關，並非如此。要知道，如果這一生有迷惑或造作惡業，下一世便會遭受同樣痛苦的果報。如同前面所講的例子，科學家們研究前世，發現前世是存在的，並且感到不可思議，但是佛陀在兩千五百多年前就表示有前世和今生，很多佛教徒也如此信受奉行，不像這些西方科學家們像是發現了什麼大事一般，還受到眾人的矚目與政府的表揚。也有很多佛教家庭的小孩，才四、五歲而已，還沒有學習很多事物，就知道前世的種種，這些都與佛陀的教法中所講述的相符合。

融序明、增耀光不相識，無能為力之時何時至？

當我們死亡時，身體的四大，即地、水、火、風會依序次第消融，在消融的過程中會產生各種景象。對一位修行人而言，他能確實了知這個過程；但是凡夫並不知道四大消融的歷程，更別說心續所產生的微細變化。死亡時，心的明光會顯現，因

為凡夫不曾經歷過,所以會感到無知與恐懼。

> 焰、光、巨吼「中有」寂忿尊,猶若孤處千軍險境裡,
> 驚懼恐怖聲相何時至?

　　之前的消融程序、明光是在講臨終中陰,接著就是法性中陰的顯現。在法性中陰時,自己本來的智慧、身心的本質,會顯現成外在的智慧本尊之身像及光明,也就是我們會看到很多強烈的光芒、光點、身像,以及巨大的爆炸聲響,其實這些都是我們心的本質之顯現。如果我們不瞭解,就會以為看到閻王的使者而感到恐懼。如果我們藉由修行,能夠了知這個道理,便有機會在臨終中陰時證悟法身解脫。如果沒有解脫,我們就會進入法性中陰,也就是各種文武百尊會現前。如果我們擁有足夠的智慧和定力,知道這些寂靜、憤怒本尊的顯現與我們心的本質無二無別,當下我們就會得到報身的解脫;如果還是無法了知這一點,深陷於恐懼中,接著就會進入投胎中陰,邁入化身的階段。

> 怖畏閻王使者來牽引,化現鬼神為說善與惡,
> 妄辯無益明鏡已高懸,悔怨前業之時終須至。
> 希欲求善為時已枉然,閻羅主子立判惡與善,
> 此時懊悔彼時未持修,此乃自欺欺人無是處。

在投胎中陰所產生的景象，就是你的前後都會有閻羅的差役拿著刀、矛、劍、鎖鏈等兵器驅使著你前進，這一生所造作的種種善業和惡業，會幻化成黑白無常——一個主白天的善神及一個主黑夜的惡神，宣判你此生所造的善、惡業，就像一面鏡子高高地懸掛著，示現你一生的善與惡。此時就算你萬般懊悔不該造作惡業，知道「只有行善才是好的」，也沒有用；你想用金錢去買或用各種方法去聚集善業都於事無補，只會隨著自己的業力去投胎。如果惡業較重，就會下降到三惡道；善業多者，就會上達三善道。如果你具有修行的功夫，知道這些都是心的幻化，就還有機會達到化身的解脫，能往生五方佛的淨土。

## 六道輪迴的過患

接下來用輪迴世間的種種比喻來思惟無常，因為這一章是在講思惟無常與業報因果，接下來就講輪迴的過患。

> 此時不忍星火觸自身，獄焰尚較凡火七倍炙，
> 無死長劫恆遭焚與煮，若已了知試問如何處？

這四句偈頌的意思是：如果我們這一生不知道把握機會好好修行，積聚善業資糧來求得解脫，反而造作了無數惡業，到頭來臨命終時，將墮生地獄，受到無量無邊的痛苦果報。

地獄有所謂的炎熱地獄和寒冰地獄兩種果報。我們活著的時候，若觸摸到尚未熄火的炭灰，都會覺得燙得受不了，更何況地獄之火的猛烈程度是凡間的七倍。如果投生地獄，要經過千萬劫或非常久的時間來承受地獄熱火猛烈的燒灼，這個時候只希望自己趕快死掉，能夠投生到其他地方，但是卻沒有任何可以轉生的機會。想想看，你怎麼能忍受得了這樣的痛苦呢？我們在此先思惟並假想自己要在比凡間熱上七倍的炎熱地獄裡生生世世、千萬劫地遭受猛烈的大火，如何受得了呢？因此，我們要不斷思惟地獄的苦痛。

> 寒天冰雪薄衣猶難受，何忍長劫嚴寒無衣穿，
> 生於此境無死當如何？

此段偈頌是在思惟寒冰地獄的苦境。偶爾在冬季非常寒冷、下著冰雪的氣候中，只穿著單薄的衣服都令人難以忍受，更何況是承受寒冰地獄的痛苦。所以此生應該好好修行，否則來世若墮入寒冰地獄千萬劫，遭受無比的嚴寒又無衣可穿、無處可躲，該怎麼辦呢？因此自己要思惟：若不希望來生遭受到這種痛苦，要用什麼方式避免墮入寒冰地獄呢？

> 此時為法斷食腦昏憒，試問千年不聞膳食名，
> 又若不死彼將如何處？

接著思惟餓鬼道的情形。做八關齋戒時需斷食一天，已讓人覺得餓得頭昏眼花，試問如果造了墮生於餓鬼道的惡業，投生於餓鬼道中，將有千年連膳食的名稱都不得聽聞，必須長年忍飢挨餓又不能死，該怎麼辦呢？

人喚老狗刀刃皆相向，若真為狗試問如何處？

此兩句是要我們思惟身處畜生道的痛苦。在西藏，罵人「老狗」是一句惡毒的話，也是令人生氣的事。若聽見有人罵你「老狗」，如果你身邊有刀子的話，一定會拿著刀子跟他拚命！在台灣，聽到「老狗」這句話並沒有特別的涵義，因為覺得狗是好的，一般人對狗也非常慈悲。

這兩句偈頌的意思是：在畜生道中真正承受的痛苦，遠勝於現在人家罵你一句「老狗」千百倍的苦。現在別人只是在口頭上罵你是畜生，你的內心尚且這麼憤怒，假使有一天真的墮入畜生道，成為畜生，試想你要怎麼生存呢？如果想要究竟避免墮生畜生道的果報，該用什麼方法來免除呢？這是我們必須思惟的。

身處敵營猶欲脫險境，若生修羅試問如何處？

接下來思惟阿修羅道的情境。戰爭時，你若被敵軍俘虜，一定會想盡辦法逃跑；但是如果不幸造作惡業，墮入阿修羅道時，由於業力的牽引，你的四周都是戰爭，根本無處可逃，請問你在戰亂中該如何自處呢？

稍降地位瞋恚苦痛生，天神下墮困頓尤難受，

最後思惟天道的不圓滿。若是投生在天道，可以享用種種的福報，但是福報終究有用盡的時候，此時又將墮入六道中，繼續承受輪迴的痛苦。天人福報受盡時有五衰之相，也就是身體會顯現五種衰敗的現象，並開始有不好的味道；他也知道自己即將死亡，明白死後將墮生於哪一道、遭受到什麼樣的苦，所以煩惱和困頓會比人道更加強烈。我們在人道中，思惟那些身處高位、有權有勢的人一旦被降級、失去權勢，那種瞋恚、痛苦尚且難以忍受，試想若日日處在天人那樣的強烈煩惱中，怎麼受得了呢？

三惡塗中苦厄無可免，人間安樂無常瞬息變，
生老病死猶若水波紋，輪迴深淵苦痛廣無邊，

在這裡講的是「苦苦」、「變異苦」（壞苦）與「行苦」。第

一種「苦苦」是指三惡道中的各種痛苦是無可避免的；至於人間的安樂是無常的、瞬息變化的，即是「變異苦」（壞苦）；而「生老病死猶若水波紋」，講的就是「行苦」。整個輪迴世間的本質就是痛苦的，為三種苦所遍滿，具足了一切的痛苦。

> 是故度脫無期慌且怖，因懼輪迴戒惡如避毒，
> 於此依止正法如善藥，當下皈命佛法僧三寶。

輪迴的痛苦是無量無邊且解脫無期的，若無法從痛苦的輪迴中解脫，會非常恐怖。對於無始劫以來的輪迴，我們要生起恐怖及厭離的心。對於可能造作的一切惡業，應該要像面對毒藥一般，生起迴避之心；對於此生一切能讓我們修行集資的有益正法，則要如同對症所下的良藥一樣，應該依止、服用；內心則立即確信、皈依所有真正能夠保護我們的佛、法、僧三寶。

## 思惟人身難得、因果業報與死亡

> 於此宣說妙義若未曉，觀照世事無常「起現行」。

前面偈頌所說的道理，如暇滿人身難得、因果業報、輪迴

過患等，如果你聽聞了仍舊不能瞭解、接受，那麼可以時時仔細觀察並思惟人身是否暇滿？生死是否無常？業報是否存在？輪迴是否不圓滿？當你多加觀察人生的各種現象時，便能瞭解這些道理。

> 復次君王縱能轄大軍，大軍統御難逾十萬數，
> 又復君王統轄諸群黎，如是逾越百萬實尤稀，
> 盛夏山林爬行螻蟻眾，尤勝君王統轄諸群生，
> 各個蟻后各個窩中蟻，亦復勝越君王之大軍，
> 人身難得須作如是觀。

有些人可能會這樣想：「人道眾生的數量如此眾多，有什麼稀有呢？」但是如果我們加以比較，會發現，夏天時，山林裡螞蟻的數量可能超過一國人民的數量；一個小小螞蟻窩中的螞蟻，就已超過國家一個軍隊的數量。如此一對照，就會知道人道眾生的數量真的非常稀少。再仔細思惟，能投生為人，這樣的因緣真的非常殊勝難得。以上是就世間相去思惟暇滿人身難得，接著思惟因果業報。

> 同根手足優劣不相干，有些富貴某些獨缺漏，
> 有些壽短病苦皆相隨，有些平安快樂壽綿長，
> 獲此寶貴人生悉如是，有些權貴有些困且賤，
> 有些富庶有些遭飢荒，非關智慧非關優與劣，
> 前世今生業果總相隨。

如何思惟業報因果？縱使是同一對父母所生的兄弟，也有不同的長相、身材、體型；世上每個人的個性、智慧高低也不同，有的人一生多病痛且壽短，有的人則健康平安且壽命很長。即使接受相同的教育及學習歷程，每個人所展現出來的能力也不盡相同。世界上所有的眾生也是這樣，每個人接受教育的機會都不一樣，有的人後來變得非常有智慧，有的人擁有龐大的財富與權利，有的人淪落到卑賤悲慘的下場，有的人極為貧窮困苦，這些都是因為受到前世的因果業報所逼迫，才展現出如此大的差別。

> 長劫以來六道諸含識，懼生怕死悲苦總無方，
> 無一幸得「世壽無窮盡」，曾相識者皆臨命終亡，
> 明年將歿抑或今年滅，我亦如是無法能倖免。

無始劫以來，六道眾生無一不畏懼死亡，然而卻沒有一個人能避免死亡。所以在佛的經典裡，也是這樣告誡弟子：「在這個世間，你有聽過任何人到現在還沒有死的嗎？你見過嗎？」意思是告訴我們：「這個世界是無常的，沒有一個人可以倖免於死亡，因此心中對於生死無常的道理，要生起毫無疑惑的確信。」

再進一步觀察我們的親朋好友，有哪些已經死亡了？近來又死了哪些人？再仔細想想：「我們終究也會死亡，但什麼時候

會死呢？是明年還是今年？這並不是我們能預期的，能確定的
只是，死亡沒有人能倖免。」

命之將盡剎那渴妙法，眾雖皆知自欺「有餘暇」，
頃刻半百齒搖視茫茫；亦有年少體病若老叟，
試問黃泉路客知多少？

雖然每個人都知道死亡隨時會降臨，應該趕快好好地修持
正法，但是我們都有自欺的想法：「雖然我們隨時會死，但是死
期不一定很快到來，所以還有很多時間可以累積善業。」尤其
是看到年紀比我們大的人時，會認為自己還很年輕，還有很多
時間。雖然明知道死亡隨時會來臨，但是我們還是不斷地欺騙
自己，認為還有很多時間可以積聚善業，卻不知道僥倖輕安的
時間並不多，不久之後，我們便會衰老；也有一些年少者，因
為體弱多病的關係，外表看起來已經像老人一般了。想想看，
隨時都有人死亡，所以死亡是無法預知的。

如是思已猶具暇滿身，彼曾排他護己稍惡行，
生未順遂閻主即引領。

我們應該時常思惟，我們已經有了暇滿的人身，應該好好

珍惜並修持正法，不要常想著過去別人對我們的惡行和傷害，內心不要積聚瞋恨和癡貪的心，否則一旦死亡來臨時，將立刻被閻王帶走，沒有辦法自主。我們應該思惟並想像自己將來會面臨被閻王帶走的情境。

> 彼亦親近正法妙眼藏，未繫正法何能入寶山？
> 試問安住正法諸義理，心繫解脫輪迴為奧義。

我們應該常常思惟生死無常的道理，如果不能這樣思惟，就無法深入法教。思惟無常，容易令人確實生起修習正法的心；當真正進入正法的修持時，思惟無常也可以讓我們比較容易達到更高的境界。一切的思惟當中，思惟無常是最好的方法。

> 設若於心無懼死之苦，雖習正法理違增迷途，
> 是故每日三返思妙理，憶念身滅懼苦為要義。
> 第三思惟無常與業報因果歌完畢。

如果內心沒有確實生起對無常的體認，修持佛法也只是對佛法多加瞭解而已，無法精進修行。因此，我們應該每一天思惟三次生死無常的道理，發自內心真正地瞭解生死無常的意義。

　　本章對於前行業果的開示比較長，主要是希望能與接下來的正行契入。如果沒有好的前行基礎，就無法確實生起正行。

　　思惟業報因果時，要真正地生起對因果的戒心。自己做任何業因的時候，要仔細觀察，知道所做的什麼因會產生痛苦的果報？什麼因會感得快樂的果報？實際修行時則應生起堅定的信念：「要努力捨棄惡業，修習善業！」

　　接著要思惟輪迴的痛苦及不圓滿。思惟輪迴過患的時候，要明瞭上自天道、下至無間地獄的一切有情眾生，無時無刻不在痛苦的因緣下，所以六道的本質都是痛苦的。藉著這樣的觀修，我們心裡應該生起堅定的意念，一定要從輪迴的痛苦中究竟解脫，所以要精進修持佛法。藉著思惟六道有情的痛苦，我們的內心自然會生起對一切有情眾生的無比慈悲心。在這兩種意念，即：堅定修行得解脫的信念，以及對有情眾生生起慈悲心，還沒有完全從內心自然而然地生起時，必須不斷地作輪迴過患的思惟。

## ◎法義問答

問：　我剛剛認識一個人，跟他談話的時候，不知道要如何跟
　　　他解釋死後的境界與業報的問題。　他說人死了之後，
　　　會成為畜生，而畜生無知，不知道自己過去是人身。
　　　他現在保持人身，當他死後變成畜生時，那個他已經是

另外一個他了，並不會知道自己原來是人，所以沒有關係。我不知道該如何跟他解釋死後的因果報應？

答： 這個問題的重點不在於：「你造了惡業，來生知不知道自己會淪落畜生道。」譬如我們造了會墮生到畜生道的惡業時，來生墮落到畜生道的那個畜生一定會遭受痛苦，而那個畜生就是我們自己。比如說，也許我昨天或前天做了一件很不好的事情，結果現在果報現前，我正遭受著惡報，覺得非常痛苦。你不能說那個兩、三天前作惡業的我，自己並不知道惡業是那個我所做的，所以沒關係；問題在於，之前所作的惡業，使現在的你如實地遭受了苦果，而不管之前的那個你知不知道，你現在是真正地感受到正在受苦。對於這樣的苦，你心裡會不會生起恐懼之心而不去造作惡業，則是個人想法的問題。

就佛法而言，我們知道有一些藥是慢性毒藥，吃的當下並不會顯現任何反應，可是經過幾年之後，就會產生病兆或痛苦了。一開始時，如果你知道吃了這個東西會引起痛苦的惡果，只要你不吃這個毒藥，幾年後自然不會有痛苦的果報；但是如果你不知道也不害怕而吃下這個毒藥，鐵定是會遭受苦果的。不管你之前知不知道，吃藥時的那個心識跟幾年後在受苦的心識，就眾生而言是相續的，依然是你自己在受苦。同樣地，我們此生所做的種種惡業，一直到來生遭受輪迴果報的時候，雖然眾生的身形已經不一樣

了，但是就心識而言，則是同一個續流在受苦。這樣清楚
了嗎？

問：　但是他就是覺得畜生對於前世無知，墮生到畜生道後，
那個轉世的他已經不是他了，對於自己前世是個人毫無
覺知，就這樣一刀兩斷，所以覺得沒關係。

答：　其實那個人沒有慈悲心，無法感受畜生的痛苦，所以覺
得是另外一回事。有時候我們設身處地去想：「如果有朝
一日我們真的墮落到畜生道，那種痛苦的情境會是怎麼
樣？」一般人看到畜生眾時，都只當牠們是畜生而已，並
不會去體會牠們的痛苦。

問：　請仁波切開示，我們在思惟佛法或聽仁波切開示的時
候，內心會產生喜悅之情，提醒自己要有慈悲心，但是
法會結束後或實際面對眾生及生活情境時，能產生慈悲
心並對自他有幫助的情況卻很少。也就是聽仁波切開示
或上座時，我們都知道心量要寬大，但實際上離開會場
後則常會有挫折感，這種情況應該如何調伏？

答：　這種情況是經常發生的，尤其是剛開始修行的人一定會這
樣，所以禪修非常重要。我們在禪修中，能生起精進的心
念或是對佛法的瞭解，要不斷地讓自己去熟悉或習慣這樣
的思惟，這樣，我們的心就會產生一種習氣，而且會跟修
法的思惟融合在一起，到時候，不管日常生活中遇到什麼

情境，我們的心就是禪修的思惟，也就不會再退轉了，能時時刻刻自在地面對一切事情。寂天菩薩在一個開示中也說：「世間的事情，沒有一件不是因為我們不斷地去做、去熟悉、進而習慣之後，才變得容易的。」

有一個噶當巴的傳承，用以下的方式去修持：先準備很多白色和黑色的石頭。在一天之中，我們仔細觀察自己的心念或所造作的業。當你發現起了一個惡的心念或造作了一個惡業之後，就把一顆黑色石頭放在一個籃子裡；如果察覺自己起了一個善念或造作了一個善業，就把白色的石頭放在另一個籃子裡。一天結束時，去查看到底是白色的石頭多，還是黑色的石頭多。一開始，你會看到黑色石頭比較多，白色石頭只有一點點；慢慢地，你會發現白色和黑色的石頭變得一樣多了；經過很長的一段時間後，你會發現白色石頭比較多了；甚至到最後好像已經看不到黑色石頭，幾乎都是白色石頭了。這就是自己經過長時間不斷地精進、努力觀照自己的行為和思想，就會習慣善業的模式。不僅僅在佛法上這樣做，所有的世間法也是一樣。所有的事情一開始進行時都是非常困難，如果能經由本身堅定的毅力和努力，不斷地練習、習慣，慢慢地就會變得非常容易，迎刃而解。

# 4.

# 觀修次第之歌

這部分內容說的是修持正行，首先講解正行裡的四不共前行，接下來就是生起次第及圓滿次第等等。

> 於此稀有正法妙行持，其分「理趣」、「觀修」兩義理，
> 首應於此理趣先行解，爾後勤力次第行觀修。

在正行的修法裡，首先需瞭解修行的理趣，也就是義理方面的道理，之後再進一步按照修行的次第實際觀修。如果不瞭解所要修持的法義，要如何開始修行呢？因此，一開始應該要對所要修持的佛法有清楚正確的認識，然後才進行觀修。佛經上說：「如果沒有經由聽聞，你怎能瞭解修持的義理呢？就好像一個人如果沒有雙手，該如何攀爬到山頂呢？」這個比喻說明了瞭解理趣的重要性。如果只是聽聞、瞭解，還不能產生極大的利益，必須確實地去修行，才能產生更廣大的作用。

輪迴懼苦他人誰能替？皈依「無妄」佛、法、僧三寶，

　　從這裡開始是皈依、發菩提心、懺悔業障、供養等等次第。在佛法中，皈依三寶後，才能成為佛弟子。為什麼要依止三寶來皈依呢？因為我們對輪迴的痛苦、死亡的恐懼與無常的厭離，因此想求得解脫，而在三界之中，真正能夠救度我們解脫痛苦的，除了三寶之外，再也沒有其他救度之處，所以佛、法、僧三寶是我們的皈依處。外道所信仰的，不論是大力天神或其他種種鬼神，甚至你去依止具有大權勢、大富貴或很聰明的人來庇護自己，都只能得到短暫而有限的保護，而且也只限於此生。真正能幫助我們脫離輪迴痛苦的真實皈依處，除了佛、法、僧三寶之外，在外道是找不到的。無著賢菩薩是一位修持菩薩道、發大菩提心、得到很高證悟的菩薩，他在《佛子行三十七頌》中提到：「自身仍陷輪迴獄，世間神祇能護誰？應依殊勝無虛者，皈依三寶佛子行。」天道眾生仍身陷三界輪迴之中，怎麼有能力保護、引領我們出離三界的痛苦呢？所以，真實的皈依處，除了佛、法、僧三寶之外，沒有其他的了。

# 四種不共加行義理

## 皈依

> 顯教佛陀、正法、聖賢僧，密宗上師、本尊與空行，
> 總集一體上師身、口、意，依止遍知上師皈命禮。

　　佛、法、僧三寶是顯密共有的三寶。所謂「佛」，是指在過去實際發起殊勝的菩提心，經由長久的時間，不斷地行利他事業與積聚福德資糧，最後究竟圓滿成佛之後，對有情眾生開示正確的修行之道。若進一步分析，就圓滿具足大悲、大智、大力，達到究竟的佛陀果位而言，他有「法身」、「報身」、「化身」三身的顯現。「法身」就是佛的心，也就是佛的遍智。「報身」與「化身」可以說是佛的心或法身的自在顯現。某些業障清淨的人，可以看到佛顯現出圓滿報身的身形；而對某些業障不清淨或業障已清淨的眾生，所看到的顯現是報身及化身的身形。

　　這裡所說的佛、法、僧三寶之中的「佛」，主要是指能對有情眾生開啟正道的佛陀。佛所開示的正確修行之道，就是「法」。「法」主要分為「滅諦」和「道諦」。「道諦」指的是修行的方法，能對治、斷除所有修行的障礙；經由如法的修持，斷除一切煩惱障礙後所證得的果，就是「滅諦」。「僧」指的是

依止佛所教授的正法而如實地去修行的出家眾，如登地以上的菩薩眾，各種小乘的智者、聲聞、緣覺僧眾，以及我們所親近的善知識、成就者等等都包括在內。

前面說的是共的皈依，包括顯教的佛、法、僧三寶；接下來要說的是不共的皈依，包括密乘三根本，也就是上師、本尊、空行。「上師」就是能確實指引我們修學佛所開示的正確教法的善知識；「本尊」就是為了度化眾生而顯現的聖妙身像，藉著這樣的示現，弟子修持本尊法門時，能得到共與不共的成就；「空行」指的是在修行道上能幫助修行人淨除障礙的護法。

前面所說的顯宗裡的佛、法、僧三寶，「佛」就是能指示我們修行正道的聖者，「法」就是所開示的正確修行要道，「僧」就是在修行過程中幫助我們的友伴。在密乘中，「上師」就是能開示正法的人；「本尊」就是修行的正道，依著本尊的生起次第與圓滿次第來修持，跟法的意義是一樣的；「空行」則和修行道上的友伴意義相近。在顯宗裡稱為「佛、法、僧三寶」，在密乘裡稱為「上師、本尊與空行三根本」。

不管是三寶或三根本，從修行義理來說，跟上師的身、語、意是一體無別的。為什麼呢？密宗的上師就是能指引我們修行正道的老師，就他的身而言，如同僧寶一樣，是我們修行的友伴；他的語就像法寶，因為他教授了各種佛陀所開示的正確法門；他的意念就像佛一樣，具有無比的慈悲和智慧，能夠教導並引領我們。上師的身、語、意就涵攝了佛、法、僧三寶，正是我們所皈依的對象，而所謂的真實皈依，就是這個意義。

　　為什麼一開始需要皈依呢？因為皈依是為了要讓我們正確地進入修行的法門，所以首先要皈依。通常我們很容易在文字或口頭上說：「我皈依。」但是皈依真正的涵義是什麼呢？是指我們確實瞭解皈依的對象、如何皈依與以何種心態來求皈依，並真正生起確定不退轉的依止心。任何時候，不管我們是痛苦或快樂，內心對三寶、三根本都能生起不退轉、不捨離的堅定信念：「我在此生中乃至三界的一切痛苦、煩惱，除了三寶、三根本之外，再也沒有可以幫助我從痛苦中超脫的依止處了！」若內心能生起這種堅定的信念，全心全意地去依止，才能稱為皈依。

　　所謂生起堅定的信心，並不只是口頭上說說，還不瞭解任何道理時就講：「我們接近三寶，就可以引領我們出離痛苦。」而是必須確切地知道：「因為佛陀是已經證悟、離苦得樂的聖者，他所開示的修行法門能證得出離三界痛苦、究竟解脫的圓滿佛果，所以我們依止他以及他所教授的真實法要。」

　　皈依又可分成「世間的皈依」、「小乘皈依」與「大乘皈依」，分述如下：

§ 1. 世間皈依

　　發心為了要斷除此生的各種痛苦，並得到今生的快樂，乃至於來生不墮入三惡道，為了這些目的而求皈依、求保護。

§2. 小乘皈依

只求自己能從三界的痛苦中脫離，以這樣的心量去皈依，就是小乘的皈依。

§3. 大乘皈依

不僅是爲了自己，而是爲求所有的衆生都能解脫三界的痛苦而皈依。

## 發菩提心

自利成就菩提不可取，一切有情皆具恩父母，
爲令彼衆臻於佛果位，浩瀚悲願化爲成佛種。

爲什麼要發菩提心呢？如果修行的發心只是爲了求得個人的利益，那是不對的。因爲一切有情衆生都對我們有很大的恩惠，這些有情衆生正遭受著種種的輪迴痛苦，爲了要度化他們，我們要發願修行，以求自他皆成佛解脫。能如此發心，稱爲發菩提心。

普賢上師巴楚仁波切曾經說過：「如果具足菩提心的話，就有了成佛的種子，便能夠修行證悟成佛；如果沒有具足菩提心，不管如何修行都無法圓滿成佛。」所以成佛與否在於能不能發菩提心，因爲一切有情衆生對我們都具有無比的恩惠，爲了救

度他們而發菩提心，也可以說是先出於慈悲心，再進一步發菩提心。所以，發菩提心的根本在於慈悲心，皈依的根本則在於信心。

> 自他雙利圓證佛果位，赫現「如來」、「有情」恩等同，
> 若無恆修六度波羅蜜，遍現圓滿菩提恐無期。
> 布施心繫貧賤有情眾，慈心相向苦厄有情種，
> 累劫相殘債主暨冤孽，尤是修忍「逆增上緣友」。

不僅一切有情眾生對我們有如母的恩惠，在我們圓滿證悟佛果位的修行過程中，眾生的恩德與佛陀的恩德是相等的。在發菩提心之後，當我們實際去修持菩提心、行菩提心時，每一個行都有一個對象。要圓滿證悟成佛，需要積聚無數的資糧，若沒有圓滿積聚六度的資糧，便無法究竟圓證菩提。在行六度波羅蜜時，都有一個所緣眾生的境，因此我們必須依每個對境去圓滿每一度的波羅蜜。例如：

§1. 布施波羅蜜

當我們行布施波羅蜜時，會有一個對象，例如我們因為見到貧困的眾生而行布施，同樣地，其他五度也都是如此。修慈悲心是非常重要的，如果沒有一個痛苦眾生的對境，我們也沒辦法去圓滿慈悲心而行布施。

## §2. 忍辱波羅蜜

寂天菩薩說：「在一切的難行、苦行之中，忍辱是最增上、最難行的。」修持忍辱，同樣需要有忍辱的對境。某些有情眾生，雖然我們給了他恩惠，但是他非但不領情，反而傷害我們。這樣的對境很容易令人生起瞋心，而我們就是在這個時候修忍辱的。如果不是因爲有這樣的眾生，我們就沒有辦法修持忍辱了，因此，有各種冤親、債眷、仇敵，才能夠成就我們忍辱的修行。

> 如是了知無別亦無偏，眾生直至成佛不棄捨，
> 令入菩提發此大願力，是謂菩提發心之奧義。

我們應當明白一切有情對自己具有極大恩惠，了知這一點之後，對一切有情皆應平等地看待，不要因爲他是我這一生的父母、親戚、眷屬，就對他特別好，而對其他眾生差別對待。要平等無別地對待一切有情眾生、度化一切有情眾生，中途無間斷地，一直到達究竟成佛的果位。

《現觀莊嚴論》中說：「爲了利益一切有情眾生所發的心，稱爲發菩提心，可分爲願菩提心與行菩提心。」所謂「願菩提心」是指我們生起願意利益、幫助一切有情眾生達到究竟解脫的心念；「行菩提心」則是進一步實際在行爲上幫助眾生達到究竟解脫的果位。若我們能夠遵循正確的修行之道確實修持，最

後便能圓滿證悟佛陀的果位。如果修行時進入錯誤的修行途徑，
例如生起像小乘的聲聞、緣覺等錯誤的發心，就無法契入究竟
圓滿的佛陀果位。

### 懺悔

發菩提心之後，接著要懺悔罪業。如果對自己所做的惡業
不能懺悔清淨的話，就無法平息修行道上的各種障礙，甚至無
法真正契入究竟的果位。

> 小罪過犯若無真懺悔，歲月遷流罪重亦隨增，

如果我們造了很微細的惡業而不懺悔，隨著日子一天一天
過去，這個惡業會不斷地增長，所成熟的痛苦果報會變得非常
大。如果我們能依止正確的佛法去修行，過去所造的惡業就不
會成為修行道上的障礙。

> 至心懺悔令無不淨業，宛若淨水滌污與垢染，

對於我們所造的惡業，只要從內心深處具足四力去懺悔，
沒有不能懺悔清淨的。惡業本來就沒有任何功德，所具有的唯
一功德，就是能讓我們懺悔清淨。如同衣服沾到骯髒的東西，

藉著水可以把髒污洗乾淨；同樣地，我們所造的惡業，只要能具足四力去懺悔，便可以清淨。以下分別介紹四力。

§ 1. 懊悔力

> 宿業罪惡宛若劇毒液，真誠懊悔懺罪易清除。

「宿業罪惡宛若劇毒液，真誠懊悔懺罪易清除」，稱為「懊悔力」（又稱「拔業力」）。當我們造了惡業，要從內心真正生起後悔懊惱之心，就像你不小心吃了毒藥，心裡懊悔地想：「喔！我不應該吃的！」有了這樣的懊悔心，就容易清除惡業。

§ 2. 決除力

> 細思我執積習難清淨，堅立誓言爾後永斷除，
> 或思「無妨」造業皆能懺，所犯之罪難除係佛宣。

這裡說的是要立下堅定的誓願，立志從此以後不再犯惡業。當我們造了惡業之後，懺悔的同時，更要立下堅定的誓願，發誓從此以後不再造作這個惡業。以這種方式去懺悔，惡業便會懺除清淨。但是如果我們認為：「沒關係，反正我已經懺悔這個惡業了，下次再造這種惡業時，再懺悔就好了。」一旦有這種

錯誤的心念，就無法懺除惡業。

§3. 依止力

> 總攝三寶上師觀於頂，真誠懺悔依怙悲智主。

上師是三寶的本質，所以觀想總攝三寶之上師在頭頂上，真誠地向上師懺悔，稱為「依止力」。

§4. 對治力

> 懺門雖廣六字明最勝。

懺悔惡業要用對治的方法，而方法有很多種，例如修持百字明咒或用各種方式來行懺悔。在這個法門裡說到：「如果我們能具足四力，以持誦六字大明咒來懺悔惡業是最容易、最精深、最殊勝的方法。」

## 獻曼達與祈請上師

> 盡心積聚福、慧二資糧，增益法門妙行獻曼達。

　　懺悔惡業之後，就要修持獻曼達來積聚資糧。為什麼要修持獻曼達呢？當我們要修行甚深的教法，如大手印、大圓滿時，如果沒有積聚足夠的福德資糧，縱使聽聞這些甚深的教法，還是沒有辦法確實地契入修持，所以需要積聚福德與智慧資糧。要積聚福德與智慧資糧有各種不同的方法，而在這麼多的法門中，獻曼達是一種特別殊勝的法門，所以要努力地修持獻曼達。

　　修持獻曼達後，要修持上師相應法。為什麼呢？因為一個有情眾生或修行人在修行道上要正確地契入，需要上師的慈悲加持。如果上師的慈悲加持力能夠進入行者的心，就能與修行者相應，使其得到成就。藉著修持上師相應法，上師的加持力便能夠融入行者的內心。

> 十方如來、菩薩、聖賢眾，「無量無邊」無福親覓見，
> 祈賜灌頂、教示、密法訣，上師浩恩勝於諸如來。

　　十方世界所有的諸佛菩薩，以及過去、現在的大成就者，乃至於今生的修行成就者，數量非常的多，但是因為我們的業報因果、福德智慧的關係，沒有那樣的善緣能親近這麼多殊勝的上師，所以無法在他們跟前聽聞、領受教法，只能親近、依止現在與我們有情眾生相同身形示現的上師，從上師處接受灌頂、聽聞教法、領受口訣。所以，上師的恩德比諸佛如來更加深廣。為什麼呢？因為我們沒有福報能親見諸佛來接受灌頂、

教授和修行口訣，但是我們可以從上師處領受修行的法要。有一個偈頌說：「雖然上師的功德與佛是平等無別的，但是上師對我們的恩惠卻比諸佛更加深重。」

> 即使上師幻為凡夫身，若作金剛總持敬祈請。
> 覺受證悟功德日月長，說為「一切如來」之悲心，
> 是故觀修上師敬祈請。

我們依止上師時，若能真正從清淨觀的角度，讓內心生起上師與圓滿證悟的佛陀是無二無別的信念，繼而如實地依止他，自然能夠得到無比的加持。即使上師還沒有究竟證悟，只是一個凡夫，但是因為我們具足這樣的清淨觀，深信上師就是金剛總持，就是圓滿的佛，自己也確實虔誠地祈請，則本身的修行、覺受與功德會不斷地增長，這就是諸佛菩薩的慈悲加持力藉由上師而展現出來。所以，當你認為上師是凡夫時，所得的加持力就只是凡夫的加持力；如果你認為上師是佛，所得的加持力就是佛的加持力。

## 持守戒律與誓盟

> 既入法門得獲要訣灌，若不謹守戒律與誓盟，
> 即如藥轉劇毒能毀損。

　　既然依止了上師，從上師處領受口傳、講解、灌頂等等教法之後，就必須好好守持這些三昧耶誓。如果不能好好守持三昧耶戒律，就好像醫治的藥變成毒藥一般。關於守持三昧耶，蔣貢康楚仁波切曾經講到：「我們依止上師之後，經過一段時間，對上師的虔敬心及信心不但不能增長，反而越來越退縮；同時在修行上，本來覺受應該不斷地增長，卻因為對上師沒有信心，使自己在修行覺受上越來越退失，以致動不動就看到上師言語、行為的過失，這是錯誤的。自己的內心跟上師的心有越來越大的差別，這就是沒有生起真正的清淨觀。沒有以清淨觀來依止上師，是極為錯誤的，這是我們自心的過患。不管上師怎麼樣，這是我們自己破壞了三昧耶戒。」所以依止上師時，應該避免上述的情形。

未知微細戒誓實難守，攝要守一即為持戒義。

　　如果我們不能很微細地知道什麼是三昧耶、什麼是戒律，那麼要能清淨地守持而無過患，是很困難的。因此「攝要守一」，把所有的戒律和三昧耶的本質攝為一個要點來守持，即符合持戒的意義。

敬信三寶所為皆明瞭，此合一切皈依處戒律。

　　這兩句講的就是皈依的戒律。要如何守持皈依的戒律呢？我們的內心應該真切地生起對三寶的確信，不論是痛苦或快樂的時候，內心對三寶依止的信心必須永遠不忘失，深信只有三寶能確實地引領我們出離三界的痛苦。只要有堅定的依止心，就符合皈依戒。

　　如果要進一步微細地分別皈依之後應該遵守的戒律，皈依之後必須斷除遮止三種過失。其中有三個要點是要修持的，另外有五個要點平常必須努力做到。這些當中有種種微細的差別，對於這些微細的皈依戒律，如果能夠把握前面所說的要點——「敬信三寶」，便是能守持皈依戒。

　　若不損彼守誓不逾矩，此與分別解脫戒相應。

　　這裡講到戒律中的別解脫戒。別解脫戒是依眾生不同的情況、身分而制定種種戒律。例如比丘有四種根本戒律、十三僧殘、六十墮、百二十惡作等，沙彌有十粗行、三十三違越，居士也有四根本戒、第五酒戒，持八關齋戒的人也有八戒等等許多的戒律。雖然戒條這麼多，但是如果能夠做到在任何時候對眾生都不做身、口、意三門上的傷害，斷除對眾生的傷害，就具足了一切別解脫戒了。對所有微細的別解脫戒所應該守持的原則是：「不傷害其他的有情眾生」，不但要斷除傷害他人的行為，也要斷絕這種想要傷害他人的心意；不僅要從行為上斷除，

同時也要從意念上斷除，這樣就是符合別解脫戒了。

> 一切善根迴向諸眾生，畢生勠力利益於群萌，
> 此與菩提薩埵戒相應。

　　菩薩戒中有所謂的十八種戒律等等，但是如果心中能時時生起善念去利益一切有情眾生，就跟守持菩薩戒是相應的。持別解脫戒的時候，強調的是不傷害其他的有情眾生；而在菩薩戒中，除了不傷害有情眾生外，還要進一步盡可能地利益有情眾生，這就是守持菩薩戒的根本。

> 上師本尊無二無別觀，於彼恆常不起於邪見，
> 此與一切密誓即相契。

　　這三句講的是如何守持密乘的三昧耶戒，也就是三昧耶誓。要守持三昧耶誓，就是要生起真正的清淨觀。怎樣的清淨觀呢？就是「上師與本尊是無二無別的」，所以現實中對上師不起任何的邪見或污蔑，這就是守持三昧耶的根本。在金剛乘的戒律中，我們常常聽到有十四種根本戒、八粗分戒等非常多的戒律，其中應該把握的要點中，最重要的就是生起「上師與本尊是無二無別的」清淨觀，同時對上師不起邪見，這就是守持三昧耶戒。

> 如是具足戒律及誓盟，上師加持本尊賜成就，
> 空行、護法「除障」任運成。

在佛法中，要守持的戒律包括別解脫戒、菩薩戒及三昧耶戒等。守持別解脫戒的重點就是不傷害其他眾生；守持菩薩戒就是要進一步利益一切有情；守持金剛乘的三昧耶戒，在於恆常了知、觀照上師即是本尊，以清淨觀來對待上師。如果三者都能做到，上師就會賜予修行的加持，本尊就會賜予成就，空行、護法也會幫助我們修行，並且可以去除種種障礙。

## 四種不共加行觀修方法

> 如是了知次第行觀修：

如同前面一直開示的修行要道，為什麼要這樣修？修行的次第是什麼？確實知曉修行的義理之後，實際上應該怎麼修行？在此，我們進一步開示觀修的方法。

> 自身頂輪蓮花月輪上，根本傳承上師及三寶，
> 總攝為一觀為阿彌陀。

在觀修的方法中，首先觀想在自己凡夫身相的頭頂上有蓮花，蓮花上有月輪，月輪上有阿彌陀佛。阿彌陀佛代表的就是所有傳承的上師及根本上師，也是佛、法、僧三寶之體性的總集顯現。阿彌陀佛呈現出化身相，全身是紅色的，一面二臂，身上穿著出家眾的三法衣，兩手結定印，持缽。觀想有如是的阿彌陀佛身形在自己的頭頂上。

接下來就是所謂四種不共加行中的修持。

## 皈依

皈依發心依此聖教示。

這時觀想自己頭頂上有自己的根本上師，以及一切三寶之體性總集所顯現的阿彌陀佛身相，最後對上師阿彌陀佛皈依，同時口中唸誦皈依及發菩提心文，不斷地以身、口、意做虔誠的發心。也可以依止這樣的觀想方法，先做四十萬遍的加行。如果不能圓滿四十萬遍的加行，也要在修行的過程，盡可能地在自己皈依時，按照這種方式如實地觀修。

## 獻曼達

己之色身、財富、諸善根，須彌、四洲、諸稀有珍寶，
觀修獻供並誦曼達偈。

　　獻曼達時，以我們自身所有的各種財富，甚至是我們沒有的財寶，藉著觀想的方式，把所有須彌山、四大部洲，以及各種天人、有情眾生所具有的無限珍寶做為曼達的供養，同時唸誦獻曼達的偈頌。

## 懺悔

懺悔昔惡當下誦懺文，持誦六字觀想阿彌陀，
佛身沛降如乳淨甘露，其由梵穴注滿遍全身，
一切罪障宛若墨汁液，其由下門、足心沛然出，
入地供養閻羅死主屬，如是滿足添壽贖命身，
自身轉為無垢水晶體。

　　觀想自己頭頂上的阿彌陀佛，再虔誠地向阿彌陀佛祈求懺悔。阿彌陀佛慈悲地加持我們，讓我們能清淨罪業，同時口中要唸誦懺悔文，內心真誠地祈請懺悔，之後唸誦六字大明咒。持誦六字大明咒時，觀想頂上有阿彌陀佛，並由於我們祈請的緣故，由阿彌陀佛身中流出智慧的甘露。甘露的顏色就像牛奶一樣地流下來，經由梵穴流入我們的全身，我們所造的一切罪業與障礙，就如同骯髒的黑墨汁液，從下門、肛門和足心流出到地下，流到地底的閻羅土死主之處，閻王喝了此罪障的墨汁而飽足。因為閻王接受了這樣的供養而歡喜，因而清償了障礙

我們壽命的罪業。之後觀想自己業障清淨，全身轉化成像水晶般清淨的身體。做完這樣的觀想後，繼續持誦六字大明咒。

## 修持上師相應法

> 復次頂輪上師如來寶，生起淨信秉誓誠祈請，
> 虔誦班雜咕嚕妙心咒。

觀想頭頂上的阿彌陀佛是上師及一切三寶的總集所顯現出的阿彌陀佛身形，內心無比虔誠及淨信地來祈請，同時口裡唸誦「嗡阿吽班雜咕嚕貝瑪悉地吽」的咒語。此咒語代表的就是一切上師的總集，要如此虔敬地唸誦並祈請。

從剛剛皈依、發菩提心、獻曼達、懺悔，一直到修上師相應法，重點就是自己必須真正地出於無比的虔誠與恭敬心，專注地向上師祈請。

觀修時，不管是否觀想上師的身相或各種的清淨相，最重要的就是身、口、意必須不散亂地來修持。語不散亂，就是好好地、清楚地持誦咒語；意不散亂，就是專注不散亂地觀想、觀修。經教中也提到：「如果我們的身、口、意三者一散亂，就無法真正成就廣大的資糧。」

上師、三寶總集阿彌陀，無二融入光點入自身，

自身三門、本尊身、口、意，無二無別交融若水乳，

如是盡得灌頂與加持。

第四觀修次第歌完畢。

　　觀修上師相應法之後，接著觀修圓滿次第。觀想自身頭頂上之上師、三寶所總集的阿彌陀佛化光，再融入自身，無二無別。此刻，我們的身、口、意與阿彌陀佛的身、口、意是無二無別的，如同水與牛奶互相融合一樣。此時，自己內心如實地思惟得到阿彌陀佛的灌頂加持，之後安住在與阿彌陀佛的心意無分別的境界之中。

## ◎法義問答

問：《大藏經》中的「天轉輪灌頂」與金剛乘講的有沒有差別？

答：　不清楚「天轉輪灌頂」是什麼。

問：　化光之後與阿彌陀佛無二無別，這時本身的身相是什麼？

答： 我們一直都是凡夫的身相，阿彌陀佛化光之後融入自身，仍然是凡夫的身相，內心安住在自己的身、口、意與阿彌陀佛的身、語、意無二無別的空性上。無二無別指的是，在本質上，自己與阿彌陀佛是無二無別的。

問： 有五種菩提心嗎？

答： 有的。五種菩提心是以菩提心在人心續上證悟的次第來分的。菩提心分為「願菩提心」和「行菩提心」，這是從入手的方式上來區分。行菩提心又分為「世俗菩提心」與「勝義菩提心」，這是從體性上來分的。五種菩提心是從人心續的修行方面來分，從心的證悟方式來分。總括來說，即是從修持菩提心的能修之心的證悟次第來區分。

問： 為什麼說「赫見『如來』、『有情』恩等同」？此外，修法時要唸誦哪一種懺悔文？

答： 從成就佛陀的果位上來說，佛陀和眾生的恩德是一樣的。如果沒有佛，我們就不知道如何修證佛果的方法；但是如果沒有眾生，就不能成辦佛道，因為需要有緣眾生來修持。所以，佛與眾生對我們是具有同等恩德的。

懺悔文很多，唸誦懺悔文時，像《三十五佛懺悔文》之類比較長的，或有一些比較短的文章等等都可以唸，這裡只是舉例而已，至於要唸哪一種都可以。

問： 如果犯五無間罪、謗佛、謗法罪，修持這個法也可以懺
　　 悔嗎？

答： 如果能夠如同這裡所開示的要點去懺悔的話就可以。

問： 水晶是指水晶體嗎？

答： 這是一種比喻，是說像水晶一樣清淨。

問： 應該如何做皈依大禮拜？在做皈依大禮拜時，要觀想上
　　 師、三寶在頭頂上嗎？

答： 在做皈依時，同時做口的皈依與身的禮拜，也就是在做皈
　　 依大禮拜時，應該觀想傳承上師、三寶在自己面前，唸一
　　 次，拜一拜，如此地做皈依禮拜要滿十萬次，才算圓滿皈
　　 依禮拜的加行。做了皈依禮拜之後再唸「班雜咕嚕」、六
　　 字明等，按照四加行的儀軌來做。

問： 獻曼達一定要用實際上的東西來做嗎？

答： 獻曼達時，如果有曼達盤是最好。如果是平時的修持，無
　　 法具足曼達盤也可以；但是如果你要以此方式來圓滿積聚
　　 四十萬遍的前行，就要使用曼達盤。

問： 依規定，獻曼達是不是要放米？有放或沒放有什麼差
　　 別？

答： 獻曼達時，最主要的是靠自己的心念。用米等來獻曼達是
 因為如果有一個所緣處，我們能夠將心依止在上面，也就
 是藉助米等這些外緣來幫助我們做觀想。如果心很清淨，
 就不一定需要米；但是如果自己的心只是普通的、無法完
 全清淨的話，對初學者來說，有個所緣的東西會比較方便
 觀修。

# 5.

# 生圓次第的猛法之歌

第五章最主要的開示內容是：令初次修行此法門的行者，
能夠很快地進入與契入生起次第與圓滿次第的要訣。

正行根本生、圓雙運道，其分為二義理與觀修，

本修持心要最重要的部分，就是生起次第與圓滿次第的修
行之道。在生起次第與圓滿次第雙運的修行方法中，又分成兩
個部分：第一是修行的義理，第二是觀修的方法。

每個眾生都具有身、心兩個部分，所以，身心的實相也包
涵身的實相及心的實相兩種。至於身、心兩者的實相又是什麼
呢？就密乘的教理而言，心的實相就是佛的智慧，身的實相就
是圓滿的佛身。因為佛的智慧與圓滿的佛身是凡夫本自具足的，
我們才能夠透過修行的法門來證悟——眾生所具的身、心，本
來就是佛清淨圓滿的身及智慧。由於不瞭解與無明的緣故，所

以將自身本具的清淨身，妄自視爲不清淨的五蘊色身；並將本具的清淨智慧，視爲無明煩惱。

因爲我們具足成佛的根本，所以可以透過修行來淨除一切的遮障、無明、垢染，以究竟回復佛的清淨身與圓滿智慧，這就是修持的次第。所以在修行過程中，我們要清淨的是不淨的遮障、執著、無明與垢染，而用來淨除這些的方法，就是本尊生起次第與圓滿次第的修法。以能淨的本尊生起次第與圓滿次第的修持，來清淨我們身、心的垢染，使身變成清淨的本尊身，使心變成清淨的法身，安住於大手印、大圓滿的境界中，達致身心清淨，成就佛陀色、法二身的果位。

所以，整個法要的脈絡就是：本自清淨的身、心實相上，由於無明而產生所要清淨的垢染，用能淨的本尊生起次第與圓滿次第的修持，來清淨無明、垢染，最後究竟證得佛的身與智慧，也就是身、心的淨果。

以下就從「所要修持的實相」、「所要淨除的遮障和垢染」、「能淨除的生起次第與圓滿次第的法門」，以及「所修得的果」等四個部分來談論。


## 心即是佛

首先講心的體性。

一切有情自心之體性，本自具足如來之性體，
本質是空無生法身軀，明相無妄、清淨之報身，
大悲無礙諸種應化身，三身無別雙運之體性，
恆常不變即為大樂身。本自固有自身之家珍，
非因「如來」、「上師」加持力，亦非深妙法力來現前，
初始本自如實而存在，此乃一切顯密之義理。

　　一切有情眾生，上自六道中最上層的天人，下至無間地獄
的眾生，心的體性都具足佛的體性。凡夫本具之心的體性，與
佛的體性無二無別。佛陀法身的因，是從眾生的心的實相而來，
凡夫現在的心的實相中，本來就具足能生起或證得佛陀圓滿法
身果位的能力，因此每一位眾生的心的實相、心的體性，和佛
陀的法身是無別的，這是修行佛法必須瞭解的基礎義理。

　　經文上說：「眾生本來是佛，但由於剎那所現之無明垢染的
緣故而不能了知。一旦淨除無明垢染之後，自然能證悟眾生即
是佛。」就如同太陽在虛空中，本來具足光明的體性，但被無
明的烏雲遮住了，雖然我們看不到太陽，但是太陽並未消失，
其本性仍是光明的。同樣地，一切眾生本來即具足清淨的如來
藏體性，但是由於無明煩惱的緣故，所以現在如來藏未能顯現
出來。虛空中的太陽無論是被烏雲遮蔽或烏雲散去時，體性前
後是沒有差別的。當我們透過大手印、大圓滿及本尊生、圓二
次第的修行法門淨除垢染後，剎那間顯現的清淨如來藏法身及

報身，與先前凡夫所具的如來藏毫無差別，所以，凡夫本自具足佛陀三身的體性。至於說三身或四身都可以。

為什麼凡夫與佛的心性無二無別呢？因為凡夫心的本質是空性的，而空性的本質是無生的；凡夫心性的空性無生與佛陀法身之無生體性，兩者在本質上沒有差別。凡夫在現在的煩惱心當中，其實已具足了能夠成就法身無生體性的基礎，亦即法身就是由心的體性——空性而來。

心的體性是空性的，但它是怎樣的情況？怎樣的相狀呢？心的空性並不是一無所有，其展現雖然是空，但空性的本體具足一種明覺之性，也就是本具的智慧。所以空性當中具足智慧，並不是一無所有的斷滅空，而是空性中本自具足明覺之性。

心本具的明性，就是佛的圓滿報身。在凡夫不淨的心當下具有明的體性，這個明性本身在未來一切無明垢染清淨時，展現出來的就是佛的圓滿報身。因為我們心中本自具足能夠成就圓滿報身的因，也就是心中本自具足的明性，所以經由修行，淨除一切垢染之後，能夠證悟佛的圓滿報身。如果凡夫的心不具足這樣的明性，不論用什麼方式去修持，即使盡未來際，終究無法成就佛果。

心的本質是空，就是無生法身；而心的另一個特質是明，就是明相無妄、清淨的報身。再加上空與明兩者雙融無礙，遍滿輪迴、涅槃，清淨、大悲、無礙的化身，就是佛的法、報、化三身，與心本具的空、明、雙運三者是相應的。

「體性的空」、「自性的明」與「慈悲」，三者在意義上也

是無別的，只不過是從不同的層面來說而已。這三者無別雙運的部分，就是果位佛陀體性身的實相。

不論我們現在是處於對實相迷惑錯亂而正在三界輪迴中受苦的眾生階段也好，或者已經從迷惑錯亂和痛苦中解脫出來而得到佛果的時候也好，心的實相從來不曾改變，都是法的本性，所以叫做「大樂身」。

在共通的顯教裡，佛陀果位地中也有三身和四身等的講法，而在密宗裡則還有五身的說法。然而，這些不同的名相，只是觀察的角度不同而安立的，就意義上來說都是無有分別。

不論所說法身的名相為何，有情身中的如來藏，一直就是以心的實相的形式存在於眾生身中。這個本來具足的我們的心的實相、佛的體性、如來藏，並不是由於佛陀的慈悲或是上師的加持、修法的力量等等而產生，而是我們從無始以來就一直擁有的，是本來就自然具足的。由於一直都如此地存在於我們身中，所以我們應該傾全力，依著佛道來成就佛陀的果位。

龍樹菩薩在《中觀法界讚》中說：「因為金礦中本來就含有金，所以經過融化陶冶，可以提煉出純金。如果礦石不具足金的本質，不論用什麼方法，最終還是提煉不出金子。」因為我們一直都擁有這個成佛的因——如來藏，所以透過修行的法門，就能夠究竟如實地證悟到佛清淨的體性。

「此乃一切顯密之義理」，意思是說：顯宗也好，密宗也好，對心的體性，都一致主張心的實相就是佛的體性。

或謂何故輪迴自徘徊？乃因不識自性之真常。
譬若某人擁有金鑄鼎，不識金銀反遭飢苦逼，

　　若有人說：「如果眾生本自清淨，具足佛的心體，為何還不
斷地在輪迴中流轉呢？」這是因為我們沒有認識到自性是我們
本來具足的，所以產生各種迷惑，內心太執著的緣故。譬如有
一個窮人，家裡有一個以金子做成的鼎，價值非凡，但是因為
他不知道，所以陷入貧窮的困境中，忍受著飢餓的痛苦。這就
是比喻凡夫自心本具佛的清淨體性，但是因為不瞭解、不認識，
所以在六道中受著各種業力之苦。若以前面的比喻來說更清楚：
太陽在虛空中，其本具的光明體性並未消失或改變，但是當太
陽被烏雲遮蔽後，所具有的淨除黑暗之光明的力量便無法發揮。
同樣地，眾生本具的光明體性，因為受到無明的垢染與障蔽，
所以顯現不出他本具的功德。

具恩上師妙轉大法輪，妙法殊勝無助解飢饉，
聞破金鼎烹食立石堆，妥置諸器食畢解飢苦。

　　這樣的貧窮之人，不知道自己擁有珍貴的東西，就好像我
們清淨的佛性也本自具足，但是因為不知道，所以白白浪費，
不會使用及擁有，以致在六道中不斷地承受著種種痛苦。一位

慈悲的上師告訴窮人他本來就擁有一個價值連城的東西，這就好比上師在指示我們：「清淨的佛性也是我們本自具足的，因為瞭解這一點的緣故，使我們能夠究竟脫離輪迴。」而這位能夠指引我們這個道理的人，便稱為具恩上師。

「妙法殊勝無助解飢饉，聞破金鼎烹食立石堆，妥置諸器食畢解飢苦。」此處說的是：對貧窮人來說，有人告訴他有一個珍貴的金鼎，但僅僅知道擁有一個有價值的東西並無法解除飢餓的痛苦；如果沒有進一步將金鼎賣掉，然後買所需的食物回家烹煮食用，仍舊無法自飢餓的痛苦中脫離。

具恩上師妙宣如是諭，尚得行持解惑證真常。

如同上面的比喻，經由上師慈悲的引導，讓我們明白凡夫的心本自具足佛的清淨本性。但如果我們不能進一步如實修持，將會如同這個飢餓貧窮的人，只知道擁有價值不菲的金鼎，卻無法解決飢饉。所以只有透過如實的修持，才能淨除一切的無明煩惱，了悟本具清淨的體性。因此首先必須知道這個方法，如果不知道，縱使想修也沒有辦法；但是當你知道法門之後，若沒有進一步去修持，還是不夠的。密勒日巴尊者曾開示道：「對一個飢餓的人而言，首先要找到食物；找到了還不能止住他的飢餓，要真的煮熟了並吃下去，才能解決飢餓。」所以只是知道法是不夠的，還要去修持佛法。

> 如是佛即是心、心作佛，大乘顯密四續皆共許。

這兩句是說，如同上面所述，我們的自心即是佛，這也是大乘中的經論及密乘中之密續所共許的。

## 自身即是本尊

> 自身是佛顯宗無善巧，無有指引菩提路遙迢，
> 顯論三大祇劫方得道，密立一世成就無上法，
> 即觀身為本尊為妙要。

按照顯宗的修持方法，修持成佛必須經過長久的時間，例如三大阿僧祇劫等等；然而，若按照密乘的修持方式，則能夠快速修持成佛。為什麼會有這樣的差別呢？雖然在究竟成佛的果位上來說是沒有差異的，但是因為眾生根器的差別，所依止的修行法門各有不同，因而有善巧方便之分別；亦即雖然最後證得的果位沒有差別，但是顯、密二宗顯現出來的證悟速度是不同的。

以西藏來說，有經部及密部的教法，密部的法門就比顯宗的法門更具善巧。雖然在大乘中，顯、密都共同稱許自心即是

佛，但在身的部分，顯宗中卻沒有善巧的法門能引導由自身當下來證悟佛身，所以在證悟的菩提路上，需要經過漫長的時間；而在密乘中則指出自身即是清淨的佛身，心的實相就是佛的智慧。

密乘中有上師按照見地的深淺來教授密續，其中有事部、行部、瑜伽部與無上瑜伽部等四部密續，其中見地最深奧的就是無上瑜伽部。在無上瑜伽部所教授的法門中，提到能讓修行人在一生一世中成就的無上教法，而無上教法最重要的開示就是指出：「自身即是佛身，自身即是本尊。」

例如在四部密續中，事部的修行觀念裡，修行者是非常卑下的，所修的本尊則極為尊貴、高高在上，因為此時，眾生沒有能力明瞭眾生即是本尊，故兩者有差別。到了無上瑜伽密續時，所教授的內容就不一樣了——自身與本尊是無二無別的。經由這樣的修行次第，並透過生起次第、圓滿次第的教法，便能夠使我們在一生之中究竟證悟。

> 如是自身本尊壇城中，勝樂密集修部八教現，
> 無上瑜伽密續妙宣說，

因為無上密續中開示「自身當下即是本尊」的緣故，所以自身即是本尊的壇城。在自身中顯現的壇城包括：勝樂金剛、密集金剛、文殊菩薩、馬頭明王、普巴金剛、時輪金剛等等的

成就法，這是無上密續中所宣說的。

在無上瑜伽密續所開示的內容中，屬於一般顯乘，即事部、行部、瑜伽部等所沒有的，並且比其更加深奧的義理，就是「自身即是本尊莊嚴的壇城」。若能依止這個修行的甚深義理，就可讓行者在一生之中證得即身成佛的果位，這是無上密續中所開示的更深奧教法。

以新密續而言，例如在勝樂金剛及密集金剛的密續中，都有「自身即是壇城」的開示；在舊密續寧瑪的教法中，則有主要的八個本尊修持法，一般我們知道的，例如文殊教法代表的是身，馬頭明王代表的是語，清淨黑嚕嘎代表的是意，而事業的代表是普巴金剛等，總共有八個本尊。所以，在新、舊密續的無上瑜伽中都開示「自身就是本尊的壇城」，就像我們說「八識是各個不同本尊的形象」，甚至我們身體的四肢，加上頭總共是五肢，都有本尊安住於其中。因此如下文所述，我們自身的五蘊、五大與八識等，都是本尊的莊嚴身相，這是在密續裡所開示的。

> 概述五蘊即為五佛部，五大五妃、八聚八菩薩，
> 八境八母新舊教示許。

在無上密續的教授中開示：「當眾生凡夫不瞭解與身處無明時，幻見所具的五蘊是色、受、想、行、識，但在清淨的佛境

界中，則是五方佛及其智慧。五蘊的本質就是五方佛；自身的五大——地、水、火、風、空，在清淨相而言，就是五方佛佛母的本質。八聚就是八識，有眼、耳、鼻、舌、身、意六識再加上二識——末那識，即是第七識或我執識，以及第八識的含藏識，亦即阿賴耶識，這八識的本質就是八大菩薩。」我們現在把這八識看成是不淨的、垢染的，然而，當我們能確實明瞭八識並非不清淨的、垢染的時候，就能明白八識其實是八大菩薩。由八識所生的對境是八外境，即色、聲、香、味、觸、法等，就其清淨的體性而言，即是八大菩薩的佛母。這樣的教授，不管在新、舊密續中都有如此的開示。

> 復次心間四二寂靜尊，喉間亦有清淨持明眾，
> 額內五八飲血忿怒尊，

在自身的心間有四十二位寂靜本尊，包括五方佛、五方佛母、八位菩薩、八位女眾菩薩，以及四方守門的護法、六道佛等等，總共有四十二尊寂靜本尊。在喉間有無數的持明聖眾。在額間則有五十八位的飲血忿怒尊，包括五部金剛、五部金剛佛母等。想一想，在我們的身體裡有這麼多的菩薩本尊，到底是怎樣的情況呢？他們就是以氣脈、明點的方式安住在我們的身體中。我們在談論自身具足本尊這些道理時是很嚴肅的，是自身當下真正確實具足清淨的本尊身相。但是因為無明的緣故，

自己沒有辦法實際認知，反而認為身體是不清淨的五蘊色身。

對於「自身當下具足寂靜與忿怒的本尊，自身即是本尊壇城」的甚深道理，在凡夫的境界中，因為無明的緣故而無法實際了知。在比較低的密續修持中，並未開示自身就是本尊相的道理，這是因為修持密續的人，本身的根器尚未達到能夠實際認知自身即是本尊身相的程度，所以在指示身體本性時，只是用一種隱喻的方式，並未開示自身即是本尊。

氣脈明點妙顯真實住，

我們的身體裡，如何存在清淨的本尊身呢？在無上密續中有進一步的開示：「在凡夫垢染的五蘊身當中，其實同時具足智慧的氣脈、明點，這也是本尊身相的顯現，其當下就是清淨的本尊。」眾生的心就是佛的法、報、化三身的體性，是一切修行的基礎，心本來就是清淨之如來藏。我們所具有的身，以及外在的地、水、火、風、空五大，其本質就是本尊。

有情可區分為三類：第一類是一般的凡夫，第二類是修行得到成就的聖者，第三類是究竟圓滿證悟的佛。此三種類別的區分是：心的無明垢染完全沒有清淨，也就是對心的體性完全沒有了知，而為無明垢染所遮蔽，同時對於己身及外境有非常強烈的執著，這就是一般的凡夫。而對於遮蔽心的垢染已經稍微清淨了，這就是在修行上得到一些成就的聖者。至於究竟淨

除所有無明垢染的有情，我們稱之爲佛。

就凡夫而言，又有所謂的六道眾生。在六道中，不淨垢染特別強烈的是地獄及餓鬼道；到了人道、修羅道及天道，這些垢染則稍微輕一些。那麼，我們修行的目的或究竟的果報是什麼呢？是爲了求得圓滿究竟的佛果。而在證得究竟佛果的過程中，又會有什麼障礙呢？那就是我們將本來自身清淨的心與外境，執著爲垢染的心與外境，致使它們成爲修行證悟時最大的障礙。這種將清淨的執著爲不清淨的顛倒心，稱爲「無明」。由於這種無明的緣故，我們造作了各種惡業，並感得不快樂的果報，因此無明是究竟解脫、證悟成佛最大的障礙。

外界地、水、火、風、空五大的本質，與我們體內色、受、想、行、識五蘊的本質是如何的呢？這樣的外境五大和身內五蘊，在究竟解脫時又是什麼情境呢？而在尚未解脫的凡夫身相中是怎樣的情況？眾生要經過如何的修行之道來達成解脫呢？在新、舊密續中，例如無上密續就有這樣的開示：「我們的五蘊就是五方佛，五大就是五方佛母；八識就是八大菩薩，而八識所對之境即是八大菩薩的佛母。」

在我們現在垢染的身心當中，這種本自清淨的智慧心體，是以氣、脈、明點的形式安住在我們的身體中，這就是清淨本尊安住於身中的一種形式。或者我們以更容易理解的方式來思惟：「外境的五大就是五方佛母，自己身內的五蘊就是五方佛；也就是說，現在我們錯誤執著的這個垢染的身體，其實就是清淨的本尊身形。」

　　我們要圓滿證悟成佛，就要證得身心清淨。要證得或契悟清淨智慧之身心的修行基礎，或者說能夠成辦修行道果的種子，是我們目前這個凡夫身心本來就具足的。或者說，要圓滿證悟成就佛陀的果位，必須有個因，這個因並非是無關緊要的因，而是能夠生起圓滿證悟成佛的因。例如我們要種穀物或青稞，想要得到青稞的穀粒，一定要有青稞的種子。同樣地，因為我們具有實際能夠成佛的身心，所以能究竟圓滿證悟佛陀的清淨智慧身心。

　　但是雖然眾生本來就具足清淨的智慧身心，卻由於無明的緣故，使我們無法去認識它，並且把這本自清淨的身心執著為垢染的，因而產生了強烈的「我執」與「認為外境真實的執取」；緣由這兩種情境，就會產生強烈的貪、瞋、癡三毒煩惱，因此造作無數的惡業，繼而在無量的輪迴中不斷流轉。

　　一切痛苦的根本是源於我們的心產生顛倒的關係，因此要斷除這樣的痛苦，首先要從根本上斷除這種錯誤的顛倒見——將本來是清淨本尊身相的身，看成只是一個垢染的五蘊色身。由於起了執著自己的五蘊色身為不清淨的顛倒心念，繼而產生非常強烈的習氣，因此我們在修行上就有了所要斷除的境。既然有了要斷除的境，就有因應的「斷除此境之修法」，於是就產生一個能所的對立。

　　由於源頭這種「把清淨的執著為不清淨」的錯誤見地，進一步就產生「斷除不淨之境」的修法，因此產生一個對立的方法，但是這個方法本身就是一種錯誤，因為這源自於錯誤的見

地。此時，修行者必須真正回歸到本自清淨的身心上，斷除由不淨的顛倒心念所引起的修持方法，所以在修行上，我們就以本尊觀，亦即本尊的生起次第與圓滿次第，來對治前面所生起的錯誤的、顛倒的修持方法，因此，我們在生起次第和圓滿次第中觀照一切都是本尊的清淨身相，都是本尊的清淨壇城。

更簡單地說，現在我們這個五蘊色身本來就是本尊的身，只是因為我們不瞭解，反而執著五蘊是垢染的。由於我們深深地投入這種情境裡，於是產生各種的痛苦與煩惱。這種誤解正是各種莫名的痛苦與煩惱之根源，也是貪、瞋、癡三毒的根源，所以我們必須知道如何加以斷除，於是在金剛乘的修法裡，便透過本尊觀的修持來瞭解自身本來就是清淨的本尊身相。經由本尊觀的修持，我們得以斷除錯誤的顛倒見，之後就能證悟到其實自身即是本尊。

在身方面的修持基礎是什麼呢？所斷的錯誤見地又是什麼呢？而因應於此的修持方式該如何做？經由如此的觀修方法，最後證得的果又是什麼呢？在無上瑜伽密續裡的修持，與其他的修法是不一樣的。在通常的修法裡，我們需要遮止這個色身，然後藉由修持，先慢慢地斷除凡夫身，再證得比較高的境界，如此漸次修持上去。但是在無上瑜伽密續裡，則是當下就將這個凡夫身轉換成清淨的本尊身相來修持。

再從另外一個角度來說，例如一杯水或一條河流，地獄道眾生所看到的是熱岩、熱鐵或熔漿的情景；以鬼道來看，水或河流就像膿血一樣；以畜生道來看，有的畜生看到的水就像是

牠居住的地方，也是牠能夠飲用的水；若以人道來看，水或河流就是我們能夠飲用、洗東西、洗身體的水；就天人來看，則是清淨的甘露；若以佛來看，那是五方佛佛母裡面的一位，叫做「瑪瑪基」（Ma Ma Gi）。所以從這個角度來看，水的本質到底是什麼呢？究竟什麼叫做水呢？其實佛所見到的，才是眞正的量！爲什麼呢？因爲佛已經淨除了一切迷惑，完全證悟了一切智慧。所以當我們說這一杯是水、這就是水的時候，其實是因爲我們一般眾生具有非常相近的業力、因緣等等，所以依我們所見到、所能瞭解到的，而認爲水就是水。但是如果從一個修行已經證悟到更高境界的有情來講，你要跟他談水就是這個樣子的話是談不來的，因爲彼此的見地已有所差別。

　　我們所見到的水，本來是不具有這種本質的，爲什麼呢？因爲從業障比較輕的人道來看，我們說這就是水；但是如果以地獄道眾生的業報來看，根本看不到所謂水的形象；若以鬼道眾生來看，就是膿血的情景。但是有一些墮生在鬼道已經很久的眾生，因爲有些修行人修水供時，以水來布施給鬼道眾生，而他們也可以得到這個布施，因爲他們曾經喝過水，知道水的滋味，於是就會想：「雖然這看起來像是膿血，但應該不是膿血，爲什麼呢？因爲修行人透過咒力加持、修法之後，它會變成可以喝的水。」這時，他心裡就會產生一種疑惑——懷疑自己所看到的膿血應該不是膿血。

　　就像這種情況一樣，我們對這杯水的本質，其實也像這類鬼道眾生般產生疑惑，覺得水的本質並不是我們所看到的樣子。

爲什麼呢？因爲我們透過聞、思、修，聽聞各種教法，如實地去修持，並領受一些上師過去的開示等等，我們稍微能夠瞭解這種道理，不像有些人從來沒有聽聞過佛法，對他來講，水就是水，除了水之外，再也不會是其他的東西。當我們透過聽聞教法，甚至自己實際去修持，稍微有一些經驗、覺受的時候，再加上上師們給予的教法開示，我們對於水的概念就會有更進一步的瞭解，這時候，我們會想：「喔！我以前認爲水就是水，除了水之外，不會是其他什麼；但是，水就是水這樣的想法，其實是不正確的。如果以六道衆生的天道來看的話，他所看到的是甘露的本質，所以我們過去所堅持的、認爲是正確的觀念，並不是正確的。」今後我們能夠稍微瞭解、接受這個道理，也會生起過去的見解不見得是正確的認知。

同樣地，就像我們聽聞、依止、修習金剛乘無上瑜伽密續的教法之後，告訴我們從更高境界來看待事物才是正確的認識，內心就能產生這種「過去的見解是錯誤」的想法，所以會學著放下。

當我們聽聞無上密續裡講，「其實這個不清淨的五蘊色身之本質，是本尊的清淨身相」時，由於習氣的關係，一開始我們心裡還是會疑惑：「真的是這樣嗎？是？還是不是？應該不是吧？怎麼可能？」但是當我們聽聞之後，慢慢地去思惟爲什麼是這個樣子，並且多方面加以觀察，然後一遍又一遍地反覆思惟、觀察、修持，漸漸地，我們便能夠生起一種確信：「喔！可能我以前的想法真的是錯的，這個五蘊色身確實是清淨的本尊

身相。」於是我們的見解就會回復到正確的見地上。如果我們能夠依照這樣的教法不斷地修持，也許就能確實生起這樣的覺受和證悟，屆時，我們內心就能夠非常確定：「其實五蘊身就是清淨的本尊身」，而沒有任何疑惑。縱使還無法經由修行的過程實際生起這樣的體驗和證悟，至少能透過不斷的學習，去了知「五蘊身即是清淨的本尊身」的真理。

對於根器非常銳利、修行極為精進的修行人而言，便能夠在一生一世中確實證悟：「五蘊色身當下就是清淨的本尊身相，而心念也就是清淨的本尊智慧」，進而在一生一世中實際證悟解脫。依止這種修行法門，很多修行者都是在一生一世中如實證悟到金剛總持的修行境界。例如在印度與西藏，像密勒日巴尊者這樣，在一生一世中確實證悟到清淨的本尊之身、心、智慧，並證悟到金剛總持果位的成就者非常多。不僅過去祖師們的史傳上有記載，在現代，還是有很多修行人示現出虹光身相的解脫，這些都是真實的例證。

如果我們能夠這樣確實了知，並且跟著修學，修本尊觀的時候，對修本尊觀的意義與修持的道理，就會產生一種確定的信心，會知道為什麼要修本尊觀，藉著這種實修法，能夠達到如何的果位。這時候，我們不像一般不瞭解的人會說：「為什麼要修本尊法？因為修本尊法可以得到本尊的加持。」這只是一個表象的想法，好像只是在祈求本尊、佛菩薩的慈悲加持而已，以這樣的心境修持，跟你確實了知而去修行的基礎是不同的，而最後所證得的果也會不一樣。

藉由上述解說，我們對於身、心的本質，以及身、心所顯的外境現象，將會有更深入的瞭解；而對於我們常常在講的各種障礙、煩惱、無明等，也會有更清楚的認識。至於怎樣能夠脫離這些障礙，以及究竟證悟佛陀果位的方法，也應該更加清楚明瞭了。

# 頓超法門

如是「心眼脈氣」自相連，大圓虛空虹光明點現。
臨命終時本尊由頂出，如實安住遍滿虛空界。

金剛乘中講到：「身的本質當下就是本尊，無量的本尊便安住在身體之中。」在大圓滿的教授裡則進一步提到：「自身清淨的本尊顯現於外境時，就是各種的虹光、明點等境相。」依止大圓滿的修行法門，可以讓自身的清淨本尊顯現於外境，成為虹光、明點等等外境顯相。而在所顯的當下，它也正是清淨的本尊身。我們藉著如此的修法去成熟一切外境，讓自己所執著的垢染外境也成為清淨相，這就是大圓滿裡面的「托嘎」法門，亦即所謂的頓超法門。因為這個教法是大手印、大圓滿雙運修行要訣的教授，所以在這裡，「托嘎」法門是教導行者在臨命終時，本尊由頂門衝出，並如實地安住、遍滿整個虛空法界。

> 未識「彼即本尊」見閻主，驚恐莫名昏沉墮惡途。
> 譬若遭逢可怖惡敵軍，不思「捍衛迎敵」驚慌走，
> 復為追逐驅趕而驚懼，識得此理無懼反歡喜。

　　當我們死亡時，安住在身體中的本尊會離開，離開後就顯現並遍滿在整個虛空法界中。這個時候，如果我們不瞭解，無法認知到這就是自己身體中的本尊，就會看到那些非常憤怒、威猛、恐怖的閻羅差役，他們就像夜叉等等之類的身像，自然地，我們心裡就會感到恐懼。

　　如果在你身中的一切本尊顯現於外境時能夠確實了知，則非但不會恐懼，內心反而會生起無量的歡喜。當你認出其中一位就是自己平常特別修持的本尊時，將生起極大的歡喜心，當下就能契入或往生到本尊的莊嚴淨土。

> 若識本尊心靜淨土現，無上甚深妙要如是悉，
> 頓超明點、明塵作是觀。

　　臨命終時會顯現種種的境相，此時最重要的關鍵在於，我們是否能夠認出這就是本尊清淨的身相，而不是看到恐怖的閻羅。為了在死亡時能夠生起這樣的境相，我們必須運用大圓滿裡的「托嘎」——頓超法門，觀照一切都是明點、明相等等，或

者去瞭解、修習中陰的法要。

> 譬若稀有銀礦皆是銀，尚需「冶煉」純銀方得顯，
> 如是自身本尊壇城中，契理勤修實證乃得圓。

由於一開始我們並不瞭解「自身就是清淨的本尊壇城」這個道理，所以會迷惑；現在我們已進一步瞭解了，卻仍然不夠，還需要真正實際地去修持，並得到甚深的證悟成就，才算是真正了知。就好像雖然知道那是銀礦，但是沒有經過冶煉的過程去提煉出純銀，根本無法得到純銀；必須加以冶煉，才能獲得純銀。

> 譬若乳中佈滿酥油脂，未經攪拌酥油不成形，
> 雖知佛即是心、心作佛，無有修持，無由作佛陀。

一開始，我們不知道：「其實自心就是佛，兩者是無別的」，之後透過學習、修持的過程，明瞭「自心就是佛」。但是僅有這樣的了知是不夠的，如果沒有透過實際的修持及確實的證悟，雖然知道自心是佛，可是因為有很多無明遮障的緣故，所以仍舊無法真正證悟「自心就是佛」。就像牛奶本來就具有酥油的精華，可是如果你沒有不停地攪拌牛奶，就無法提煉出酥

油；一定要充分攪拌，才能得到酥油。

> 了知契理當下即修行。

對於以上所說「自身就是本尊」的修行道理，首先要知道其義理，知曉之後，應該深信此道理，再進一步實際去修持。然而，修持的方法到底是什麼？要怎麼觀修？以下就開始教授觀修的方法。

## 生起次第的修持方法

> 聖眾雖多觀音來作主，本尊總集為眾有緣尊，
> 生次繁、簡妙示利圓觀，「言簡意賅」易行且自在，

本尊其實非常多，還有寂靜、憤怒等各種身形的示現。然而，在這麼多的本尊中，觀世音菩薩是一切慈悲體性的總攝，也是一切本尊的總集，對中國人及西藏人而言，祂也是特別有因緣的一位本尊，所以我們應該依止觀世音菩薩的生起次第與圓滿次第來修持。觀世音菩薩有很多種不同的生起次第觀想方法，有的非常複雜，有的比較簡單。其中有一種具有五個三摩

地的次第，要做靜坐與生起次第的觀想。在這麼多繁簡互異的
生起次第觀想法門中，最方便、最容易，並且具足一切功德的
修持方法，稱爲「刹圓觀」——「刹那間圓滿觀想法」，這是最
容易修持，也是我們要應用的方法。

> 是故自觀大悲觀自在，一面四臂色白如經載，

觀世音菩薩所代表的是一切本尊的總集，同時跟我們又有
特別親近的因緣，所以修行時，就觀想自身即是大悲觀世音菩
薩，一面四臂，身形如同《大悲觀音利眾遍虛空修誦儀軌》所
敘述的內容作觀想：「在蓮花月輪的座墊上，坐著自身四臂白觀
音，前面兩隻手在胸前合掌，執持著如意寶；後面兩手右手持
念珠，左手持蓮花，雙腳則爲金剛跏趺坐。身上有各種的珍寶
莊嚴，穿著絲綢的衣服及飄帶，同時上身披著鹿皮衣，代表具
有無比的慈悲心。頭頂上戴著五方佛的寶冠，具足報身佛的圓
滿身相，是非常莊嚴的觀世音菩薩身形。」

> 六瓣白蓮安置於心間，「啥」（ཧྲཱིཿ）字中立六瓣六字明，
> 咒鬘圍立毫光立即顯，

在自身四臂觀音的心間，有一朵六瓣白色蓮花，花蕊的中

心直立有種子字「啥」字，六個花瓣則圍立著「唵、嘛、呢、唄、美、吽」六個咒字。這六個字的字面朝外，排列的順序是依逆時鐘方向「唵、嘛、呢、唄、美、吽」排列的；至於旋轉時，則朝順時鐘方向旋轉。在作這種觀想或持咒時，對於自心六瓣蓮花中間的種子字「啥」字及「唵、嘛、呢、唄、美、吽」（ཨོཾ་མ་ཎི་པདྨེ་ཧཱུྃ༔）六個字要觀想清楚。

> 「啥」字不動六字向右旋，其光照耀十方佛淨土，
> 供養十方三世一切佛，一切化為大悲觀世音，
> 如雨沛降融入於自身。

　　修行時，我們就這樣專注地觀想。由於我們內心虔誠祈請的緣故，此時，心中的咒輪開始轉動，中間的「啥」字安住不動，而周圍的六個咒字「唵、嘛、呢、唄、美、吽」則開始向右旋轉。咒輪旋轉的同時，從咒輪中放出光芒，照射到十方諸佛菩薩的淨土去供養十方諸佛菩薩，令十方諸佛菩薩歡喜。此時，接著觀想因諸佛菩薩接受了我們的祈請和供養後非常歡喜，皆化現成觀世音菩薩的形相，有如下雨一般地降下來，融入我們自身中。

六字明咒光明再綻放，淨化六道有情諸罪障，
一切再化大悲觀世音，

接下來再一次觀想心中的六字大明咒不斷的旋轉、放光，
這個光照射到所有六道眾生的身上，清淨所有六道眾生的罪障。
六道一切有情眾生由於內心的無明、煩惱之故，造作了各種不
同的業因，因此墮落在不同的境遇裡。像地獄道的有情，由於
瞋心，造作了瞋業，墮生在地獄道受苦；餓鬼道正承受著飢渴
之苦；畜生道則受著無明黯鈍之苦；此外，人道、天道、修羅
道，亦各自因其各種的煩惱業因而感受種種痛苦的果報。這時
候，觀想六字大明咒的光芒照射到所有有情眾生的身上，清淨
六道一切有情眾生的惡業和障礙，然後再觀想所有六道有情都
化現為觀世音菩薩。

此起彼落皆誦六字明，如是器間化為極樂境。

之後不僅所有六道眾生都化現為觀世音菩薩的身相，每一
位都虔誠唸誦六字大明咒，咒音此起彼落，所有我們看到的外
在器世間，完全轉化成觀世音菩薩的極樂淨土，也就是眼中所
看到的外在一切色相都是觀世音菩薩的身相，耳朵所聽到的一
切聲音都是觀世音菩薩六字大明咒的咒音，心中所有的意念都

是觀世音菩薩的解脫智慧，亦即大手印境界的智慧。

　　以上就是生起次第的觀修。

## 止與生起次第的雙運法

> 亦有專一觀修於「啥」字，不外放光恆時心安住，
> 此乃「止」與「生次」雙運法。

　　有時你也可以專注地觀想心間的種子字「啥」字，令內心毫不散亂。如果能夠確實安住、依止「啥」字而不起任何的妄念或散亂，就是藉著有相的方法來修止，即是修止與生起次第雙運的方法。

　　什麼叫做「止」呢？「止」就是內心能夠遮止各種妄想、念頭，一心專注於境，就稱爲「止」。在修止時，如果身體能夠依照「毘盧遮那佛七支坐法」的七個要領來靜坐，將會有很大的幫助。爲什麼呢？因爲對我們而言，氣與心兩者有很大的關連，而身體裡面的氣又跟明點、脈有很大的關連，所以有這樣一個開示：「當身體能夠挺直時，脈就能直；脈直，中脈的氣息就能夠直；中脈的氣直時，身體裡的明點也就能夠直。保持脈、氣、明點的正直，能幫助我們在禪修時，使觀想或心念更加專注，繼而產生非常穩定的助益。」並不是說一定要按照這個七支靜

坐的方式才可以，而是指要讓身體盡量保持在一種非常鬆緩、自在的情境上去修止，這是最重要的。

修止可分為「有相的止」及「無相的止」。所謂有相的修止方法，就像前面所講的如是觀想或安住於觀世音菩薩心中的「啥」字，內心不再受任何妄念的擾動，確實安住在這個「啥」字上，這就是一種有相的修止。

如果不是在修持觀世音菩薩的法門時呢？此時的修止，我們也可以依自己眼前能夠看到的某一種物體來修持，或者藉著三寶的身相，譬如佛像、經書等等來修止；或者也可以安住在壇城中的油燈上來修止。修止的方法很多，我們也可以應用呼吸來修止：「觀察、注意自己的呼吸，呼出去、吸進來，然後去計數，一次、二次、三次……。譬如以二十一次當成一個數，從第一次數到第二十一次，繼續再從一數到二十一，如此重複計數。」這種數息方法特別有助於對治心的散亂，是一種非常能夠讓心專注的方式。因為當你注意在呼吸上的時候，不僅僅只是注意呼吸而已，同時還去數息：「一、二、三、四、五……」當你這樣觀息並輔以數息時，心很自然地就會專注在上面，不會再散亂到其他的各種妄念上。以上所講的都是有相的禪修，就是依止一個有相的對境來作禪修。

什麼是無相的禪修呢？無相的禪修指的是當下安住在毫無妄念、自自然然、鬆鬆緩緩的心的本質上，不依止任何有相的東西，只是安住在毫無妄念的、鬆緩自在的心上面，這就是無相的禪修。

　　在有相、無相禪修的開示之後，接著講到如此修止時會產生的一些障礙與會生起的功德，以及對治這些現象的方法。

　　龍樹菩薩曾經開示：「平常我們的心會產生掉舉、散亂、念頭不斷生起、懊悔等情形，會想到自己做了什麼不該做的事而在那些事情上不斷地後悔，以及因為瞋心而產生想要傷害他人的強烈意念，這些對修行與修止會造成很大的障礙。」如果心陷在這種掉舉、懊悔、強烈的害他心、瞋心之中，會障礙到修止時心的安定，心會因為這些妄念而散亂，所以這時要用方法讓自己的心能夠放得鬆緩緩的，再安住到止的目標上。

　　在禪修時，也常常會有下列幾種情境：

　　第一種是陷入昏睡或打瞌睡。

　　第二種是還沒有嚴重到昏睡的程度，但是已經稍微對所觀的境不清楚，這稱為「昏」。進一步是「沉」，這時候心已經非常不清楚，整個所觀的境已經暗掉，或進入所謂「睡」的境地。

　　第三種是內心有時候會懷疑自己這樣修持到底對不對。

　　第四種是掉舉，妄想念頭非常多，以致心無法安住。

　　以上都是修止時會產生的障礙。當修行陷入這類昏、沉、睡等障礙時，對治的要點是調整身體的坐姿。除了依照「毘盧遮那佛七支坐法」的要領來靜坐之外，還要稍微繃緊一點，讓自己的心提起一種更清楚的觀想。觀想時，應該更清楚地觀想修持的對境，或者把眼光專注在自己非常歡喜的外境上，讓心能夠提起正念。

　　例如我們若依止本尊觀的修法，在觀想觀世音菩薩身相時，

如果內心產生掉舉的情形，煩惱妄念非常多，無法安住，這時候就集中注意力，觀想觀世音菩薩的雙腳或者是座下的蓮花月輪花座上，如是觀想在本尊身相比較下方的地方。相對地，如果是陷入一種容易昏沉或者睡眠的情境時，就把注意力放到本尊或佛像的臉部、頭部或眼睛上。就像有時候在修止時，我們會將佛像放在面前，先觀想佛像之後再作禪修。

總而言之，要領就是：如果陷入昏沉，身體要稍微緊繃一點，心要提起明性，並稍微安住到一個比較悅目的外境裡；相反地，心非常散亂時，應該讓身體盡量放鬆，心也自然地放鬆緩。

如果能夠依止這個要領去修止，會產生以下三種覺受的功德：第一種是樂，第二種是明，第三種是無念，也就是沒有任何念頭。如果你的心能夠非常鬆緩，在「樂、明、無念」這三種覺受上不產生任何執著，不起任何期盼或恐懼的心念，自然地，禪修會愈來愈增長；相反地，如果強烈地執著「樂、明、無念」的覺受，而產生希望或恐懼的心態時，便會形成禪修的障礙。

當我們的心散亂於外境，妄念不斷生起時，如何將心從散亂中回復安止而專注修止的方法，經典裡有很多這方面的教授。在這個開示裡，因為配合這個實修的法門，所以最重要的要領就是，當心馳散於外境時，要盡量將心拉回到所觀修的對境上。不管用什麼方法修持，如果心散亂了，就馬上回到自己所修的那個對境上，同時免除內心各種期盼、恐懼的心念。

如實地這樣去修止，會產生各種利益，最主要的有：

· 修止能夠調伏我們的煩惱，讓原本內心強烈的煩惱能夠
  稍微降伏下來。但並不是完全斷除，若要從根本上完全
  斷除煩惱，必須經由觀的力量才有辦法做到，而修止能
  讓我們降伏強烈的煩惱。

· 修止能夠使我們進一步契入大手印、大圓滿的禪修，奠
  定一個良好的基礎。

· 經由修止，種種的神通妙用自然會從中顯現。

以上就是關於修止的開示。


## 觀的見地

接下來講大手印、大圓滿裡修「觀」的種種見地及修法。


如是觀修瑜伽者自心，清淨直觀修證化為空，


如果能夠按照前面所講的方法來修持觀世音菩薩的生起次
第，然後修止，也就是心安住於「啥」字上，此時，瑜伽行者
便能鬆鬆緩緩地自然安住在心的體性中，所以剎那之間，心整
個就顯現、融入在空性裡。

平時我們常會生起各種妄念，對凡夫而言，當妄念生起時，
馬上就執著這個妄念是真實的，接著就追隨著妄念，於是就產

生第二個念頭、第三個念頭⋯⋯。但是在大手印、大圓滿雙運的禪修裡告訴我們：「當妄念出現的時候，不要跟著妄念打轉，而應該直接觀照這個妄念的本質。」

> 心者無相無色無實物，不居身中亦非內與外，
> 遍覓十方亦無有可得，無得之心無來亦無去，

我們應該從心的「來、住、去」三方面觀照心的體性——心從何處來？如何住著？又將前往何方？我們現在認為心是有的，便馬上執著心是實有的；但是當我們詳細觀察心是什麼的時候，卻又看不到任何形相，所以心沒有任何形相可言。因此，我們可以作這樣的觀察：「到底我們所執著的、認為存在的心，有沒有自己的形相呢？如果心像外在的一個實體一樣有自己的形相，那麼就應該有某種顏色或形狀；如果心是眼識的對境的話，那麼我們的眼睛應該能夠看得到。」

佛法中講的色法，包括一切眼睛所看到的形相、耳朵所聽到的聲音、鼻子所聞到的味道等等，也就是說，六根所對的所有境，都叫做「色法」，或簡稱「色」。我們可以觀察自心到底是色法？或不是色法？如果心是色法的話，那麼心就是眼睛所對的境，眼睛應該可以看得到；如果是耳朵所對的境，則耳朵應該可以聽得到；鼻、舌、身、意亦同，以此類推。只要是六根能夠對的境，都叫做色法，皆可以被六根察覺到，不論是何

種香味、甜淡、觸感等等。當我們如此觀察時，就會發覺心並不是任何的色法，所以本來就不具有類似外在實物的相狀，因此你根本找不到一個有著什麼相的心。如果我們就心的顏色去觀察，到底心是白、紅、黃、藍等等什麼顏色的呢？結果你也找不到心有任何顏色，因此我們就得到一個確信：「心是無相、無色的，不像外在物質般有一個實體的存在。」

接著我們就產生第二種想法：「心是一種識，一種能夠認知的作用，而不是一種外在有實體的東西，當然就沒有形體、沒有顏色、沒有相。不是因為這樣，便說心是沒有本質的，這麼說好像說不過去，因為心具有認知的作用，也就是識的作用，為什麼說心沒有本質呢？」對於這樣的心念與想法，我們需要再進一步觀察：「如果我所認為的這個心是有的，同時也具有認知的作用，那麼心到底在哪裡呢？是在身體裡面？是在身體外面？還是在身體內外的中間呢？到底是怎樣的情況？」當我們仔細觀察時，會真正覺照到：「其實這樣的一個心，在身體裡面找不到，在外面找不到，在中間也找不到！」因此你就能真正地得到確認，瞭解到根本沒有一個我們認為它是存在的心——心根本是不存在的！

接著我們可能會產生第三種想法：「雖然我們觀察身體，找不到這樣一個心，也許它存在於某個地方，只是現在無法從身體中找到，但是心是確實有的，只是存在於某個地方。」因此我們就要繼續觀照，從前、後、左、右及東、西、南、北四面八方與上、下等十方去找尋、觀察心在哪裡。當這樣四處去找

尋、觀察時，所得到的結論是：「仍然找不到一個所謂有形體的心。」

這裡有一個真實的故事：有一位修行人在修行過程中四處找尋到底心是有相的，還是無相的？是有色的，還是無色的？我二十歲左右時，依止一位名叫噶瑪徹滇的成就者，他是噶舉傳承裡一位修行成就很高的上師，八十一、二歲時圓寂了。我依止這位上師的時候，大約是在一九七九年，當時他已經七十九、八十歲高齡。當時因為他一直是依山修行，所以身邊有很多弟子去依止他，跟著他在山上作禪修。這位上師每天都會指示弟子怎麼作禪修、如何觀照。當禪修至止觀的觀時，老仁波切對弟子開示說：「今天你們好好地觀察心到底有沒有形相？心到底是什麼顏色？什麼形狀？」於是這一天大家都回去好好地作禪修。第二天回來時，老仁波切問：「到底有沒有心？心在哪裡？有沒有形狀？」那時候有一位老的女修行人就說：「有，心就在我的心臟裡面，是白色的，很可愛！」平時弟子們都很懼怕這位上師，在他面前都很嚴肅、很謹慎，結果當這位老修行人說了這個答案之後，大家都忍不住捧腹大笑。所以今天大家也好好地觀察，說不定也能夠像她一樣，找到一個很可愛的心。

當我們照著儀軌所說的從十方去找尋這個心，結果還是找不到。可是因為我們有一個根深柢固的想法與執著，認為「心是有的！或許不是固定在某個地方，但是確實是有的」。因此我們應當再作下面的觀察：「假若沒有心的話，那麼我應該連思

惟、思想都不存在，我不會去想那些看不到的東西。如果沒有心的話，我們怎麼會感覺自己的存在是真實的呢？」其實這只是我們認為這些是真實的而已。

> 亦非全無、自心性體明，體明非一諸多俱皆顯，
> 其非為異本質俱是一。

如同前面所做的觀察，如果心是有的話，那麼我們應該能從上面的觀照方式察覺到心是怎樣的情形。可是事實上，從上述的觀照中，我們找不到所謂的心，因為心根本是沒有的。雖然心不是有的，但也不是沒有的，所以說：「亦非全無。」

我們觀照心的本性，因為找不到一個真實的心，找不到心的來、去、住，這時我們說心是沒有的。但是心的體性卻又不像虛空般一無所有，因為在觀照的同時，心具有明明白白、清清楚楚的明性，這是我們可以感受到的。雖然找不到心，但是我們不能說心沒有或不存在，因為我們感受並覺察得到這一種非常清楚明白的體性。為什麼呢？因為當我們迷惑時，妄念清清楚楚地一個接著一個顯現，這些妄念即任運顯現出此心之「明」的體性。在究竟義來講，心除了空性之外，亦具足了「明」，或者我們稱為「覺性」，而這樣的覺性是無礙的。所以，心具有清清楚楚的覺知能力，這就是心的體性中「明性」的涵義。

　　如果我們執著心是真實存在的，要嘛它就是一個，不然就是有很多個。如果我們如實地觀照，便可了知心就空性的體性而言，心是一，是無別的，它就是一！但是就心的明性而言，心卻可以顯現出無數的境，所以輪迴、涅槃是不異於心性的。因此，心非有非無，也不是一，也不是異，也不是多，那麼到底是什麼呢？

　　彼之本質任誰難道盡，概略闡述罄竹亦難書，

　　如果要用文字來描述心的體性，是沒有辦法詳盡詮釋的。因為究竟心的體性，或者說勝義心的體性，已遠遠超越我們凡夫的妄念、思惟、言語的詮釋能力所能描述的。因為如果我們能用妄念、思惟去詮釋勝義的心性，它就是一個實質的東西，有其相狀，所以我們才可以用思惟及言語加以詮釋，但是勝義的心性並不是這樣。

　　在我們的經驗裡，因為遭遇了各種苦樂的外境，並從外境體驗到諸種苦樂的感受，很自然地便認為有一個所對的外境，而相對於這個外境，則有一個能夠分別、觀察的我，因此便有一個「我」的敘述，並有這樣一種認知：「有一個具有身、口、意的觀察者，能覺察所對的外境。」但是這種認知本身就是一種迷惑。所謂大手印，就是在對治我們迷惑的思惟之法門，以展現出毫無迷惑之心的體性。

　　對這個勝義的體性，是無法以我們現在迷惑的妄想思惟或文字語言來描述的，所以上師們沒有辦法展示出無可詮釋的心，就像他們沒有辦法用像世俗人在看東西的方式，指示一個實有的東西讓你眞正看到一樣，他無法指示你看到那個不可見的心之體性。但是上師們教授了修持的方法，所以當你聽聞並確實修持之後，便可以清清楚楚地察覺、了知心是何種情形。

　　接下來我們又會問：「如果大手印勝義的體性是無法用凡夫的思惟或言語來描述的，那麼我們要如何修持契入心的體性呢？」這就得經由上師們教授修持的方法，同時自己一定要實際去修持。雖然現在是以凡夫的妄念思惟之心去修持，但是按照上師教授的法去修，慢慢地，我們就能夠了悟到心的體性是什麼樣的情境。

　　接下來，我們也許又會假設一個疑問：「如果大手印的心的體性不是凡夫的妄念思惟所能了知，那麼按照這些方法來修行，當我們解悟大手印時，怎麼知道自己是不是證悟大手印呢？」當你實際去修行，並在心中生起對心的體性正確的認識或了知時，自然就會生起覺知，這種感受就像經典裡所比喻的啞巴吃糖一樣：「啞巴吃了糖以後，沒有辦法描述那樣的感受，但是卻清清楚楚、如如實實地覺受到糖的滋味。」當我們確實修行並了悟心的體性後，便會實際生起大手印的定解與證悟。

　　至於大手印心的體性之證悟，到底是什麼情境呢？那就是：「對境時，我們了知境本身是空性，而對境的心當下也是空性，所以境和心是無別的。」在與空性融合、心與境無別的當下，

就是證悟空性、了悟心性。

現在我們由於顛倒的緣故，所以產生種種迷惑的妄念，當實際了悟心的體性時，所有迷惑顛倒的妄念自然會止息，這就是大手印心的體性之證悟。

這種情境如同經典裡講到文殊師利菩薩問佛：「勝義心的體性是什麼？」當時佛靜默不語，其實佛就在靜默不語中答覆了心的體性。當我們說：「心的體性是空性的」，用一個名詞上的空性來詮釋心的體性時，其實只是用了一個空性的名詞而已，並不能真正詮釋心的體性。譬如我們說：「心的體性不是沒有的。」當你用這句話來闡釋時，也沒有真正詮釋到底心的體性是什麼。

藏文《般若心經》一開始有一個讚頌偈說：「超越言語思惟的般若佛母，祂是無生無滅的，如同虛空的體性一般，當我們確實依止此教法修持之後，便能真實證悟三世諸佛之母——般若佛母，因此我虔誠地禮敬皈依祂。」這個讚頌偈裡如此讚頌般若佛母，所以真正的心的體性，是離一切言語、思惟的。雖然在究竟義上講，它是離言語、思惟，無法用言語詮釋的，但是在講經說法時，我們也只好運用文字、語言試著去詮釋一些相似的、似乎是心的本來面目的特質，例如我們會用「心的體性是沒有自性的，心的體性如同虛空的體性一般」等等方式來詮釋。

姑且妄名自性本來貌，雖立諸多品目與名相，
於義即為當下之本然，

　　由於要指示出心性的義理，我們便試著對心做各種不同的
詮釋，並以各類的名相來解釋心性。例如，對於尚未深入法教
與修行之門的一般凡夫而言，只是先簡要地說「這就是我」、
「這就是心」、「這就是念頭」等等。各個宗派也有各自的修持
方式，有他們對心性或空性的詮釋方法，用來指導弟子依循某
個法門而契入空性的境界，所以他們會巧妙地用各種語言去指
示「這就是心性」、「空性就是這個樣子」。能如實地抉擇實相、
空性義，是唯獨佛陀才有的特質。在許多不同宗派的教理中，
也對勝義空性、實相的義理做出各種詮釋。在這麼多不同的詮
釋中，真正能如實地抉擇者是大手印的教理，這是不共的特點。
　　佛陀曾經使用各種名相來詮釋心的體性：在談小乘的教法
時，講苦空無我的空性；在論大乘的唯識或中觀時，便講阿賴
耶識；在密乘裡則講大手印、大圓滿等等，以告訴眾生：「這就
是道果，是輪涅不二的。」不管用什麼名相來詮釋勝義的心之
體性，中觀也好、般若也好、大手印也好、大圓滿也好，到底
勝義的心之體性是什麼呢？勝義的心之體性即是眾生所具有的
無過、毫無造作的覺知——平常心，這就是本來具足、無過、
無造作的覺知，也就是心當下的體性。所以，平常心或當下的
了知，指的並不是出於無明迷惑、妄想分別的念頭，而是真正

本自具足、離一切迷惑、毫無造作、自然的覺知。如同前面所講的，眾生本具的心之體性，與佛的法、報、化三身是無別的，指的就是這個。

> 此為一切輪涅之道本，未證菩提墮落三惡途，
> 輪轉中陰投生善惡趣，貪心、瞋恚、執著與疑、慢，

這樣的勝義心之體性，是一切輪迴與涅槃的根本。成就者沙拉法巴的偈頌這樣開示：「輪迴、涅槃的根源是從何而起的呢？由心而起！所以要確實頂禮像如意寶一樣、能生起輪迴與涅槃的一切根本體性；而眾生能夠證悟涅槃，也是由於心的實相──大手印而來。」例如，聲聞乘、緣覺乘中得道的阿羅漢，也是因為證悟「少分」的心之體性、「少分」的心之功德，才能證悟到阿羅漢的境界。大乘登地菩薩則是確實證悟心的體性，才能達到登地菩薩的境界。因此，凡夫與聖者的分別在哪裡呢？答案就是對空性的證悟與否。若能究竟圓滿證悟心的體性，就是佛。所以，一切的解脫涅槃境界會由於證悟心的體性而顯現。

我們聽聞「佛的果位與解脫煩惱的涅槃境界，皆是由證悟心的體性而如實顯現」的道理之後，雖然能夠理解，但是在痛苦的六道輪迴中，所見到的輪迴與涅槃卻是相背離的，那麼我們心中可能會生起這樣的疑惑：「痛苦的輪迴如何生出聖者的心的實相──空性呢？它與涅槃不是相違的嗎？」

　　因爲不能了悟心的體性，衆生便產生無明迷惑，又由於無明迷惑而造作諸種業因，因此有各類的善、惡業報。隨著十二緣起（因緣）而展現的境相，就是源於無明。無明就是對心的體性不瞭解、不得見，它是輪迴的根本，是依於心的體性——空性而來的。由無明而產生我執，有了我執之後，相對地便執著於對境的他，於是自他的強烈執著便自然產生。由自他執著再進一步使自己對境時產生瞋心或貪心，便造成業。衆生出於強烈的煩惱而不斷地造作惡業，以致在三惡道或六道中流轉，便形成輪迴的現象。因此，獲得佛陀的果位，是由認知心的實相而來；在輪迴中承受各種的痛苦，則是由於不認知心的實相而迷惑錯亂地執著而來。

　　切信、淨觀、慈心與悲心，覺受、證悟、登地抵彼岸，
　　所爲一切皆出自心體，亦爲一切善惡之根源。

　　信心分成「切信」、「清淨信」、「欲信」三種，其中最究竟的是「切信」（深切的信心），敘述如下：
　　・切信：自己內心生起智慧與了知，稱爲切信。
　　・清淨信：就所景仰的對象，內心自然生起景仰、深切的信心。
　　・欲信：由於了知三寶具有無數的殊勝功德，內心便生起「我也要如同三寶般具足種種功德」之欲求的信心。

「淨觀」指的是從內心確實認為三寶、上師是具足勝妙功德的皈依處，因此虔敬地以身、口、意來服侍供養。縱使看到他們有任何過失，自己也認為他們是具足功德的，而眼前所見的過失是自己的過失，又再以身、口、意虔誠地依止他們，這就稱為「淨觀」。一般人大多只是出自個人的好惡，在順境時便對上師、三寶非常有信心，百般地承事供養；但是稍微碰到逆境或上師講的話跟自己的心不相應，便不能接受，馬上翻臉，並加以批評，這就不是淨觀。蔣貢康楚仁波切曾經開示了以下的偈子：「要遠離從自己欲求的角度去依止上師，並且要真正生起確切的信心。如果執著自己眼中所看到上師的過失與種種的不如法，很自然地，你就會生起各種邪見。」

「慈」指的是想要給有情眾生快樂、喜悅，「悲」是要使一切有情出離痛苦。

什麼是覺受？什麼是證悟？覺受指的是在修行的過程中，在快要達到證悟的功德之前，會產生種種感受的境相。這時覺受還不穩定，還不是真正達到如實證悟的功德。若進一步了悟到穩定的境界，實際現前證悟時，才稱為證悟。證悟空性後，心續上所成就的次第，叫做「道」或「地」。如此的覺受、證悟功德，以及五道、十地證悟空性的功德等等，都是由心而起的，是依於心性而在心續中獲得那些功德。這些地道等等的功德也是由善心而來，由心的修持而顯現的。六道有情眾生也是由於對心的真正體性——空性不瞭解，污穢了本來的清淨心而產生各種無明煩惱，進而造作不善業，再由不善業感得痛苦的果報。

所以，一切善的、好的功德，是由心所顯現；相對地，一切惡的、煩惱的、我們不想要的痛苦無明等，也是由心所造作出來的。

> 直迄命斷諸根終須還，若能了悟妙理起專修，
> 萬法奧義皆攝於此理。

因此，使我們被束縛在輪、涅一切法中的根源，以及危害我們、使我們受到惡道等暫時與究竟的痛苦之根源，也是心。輪迴之所以束縛我們，讓我們不斷地深陷其中，無法解脫，根源就是由於我們不瞭解心的體性而產生無明的緣故。在輪迴中，各種我們不想要的痛苦、煩惱是無量無邊的，這些都是我們自己造作的業所現起的果報。如果想要一個一個去斷除、遮止這些惡業的痛苦，是沒有辦法的。若要究竟斷除這些痛苦，必須從根源上斷除，那麼，由根源所引起的一切支節的痛苦自然就會消除。舉例來說，假若斬斷一棵樹的根部，那麼樹的枝幹、樹葉、花、果等部分就會隨之乾枯凋落。因此如果能從一切痛苦的根源，也就是無明、執著上去斷除的話，各種痛苦和煩惱也就會止息了。

我們瞭解這些道理後，若能進一步實際去修持，那麼，所有的法沒有不包含在這心的實相裡面的。經典裡說：「輪迴和涅槃是一體兩面，就像手的正面與背面一樣。」這句話的意思是：

「若能實際了悟心的體性，就是涅槃的境界；如果不能了悟心的體性，起顛倒見，就是輪迴。」所以對於心的體性能曉悟的話，所顯現的就是涅槃的境界；如果對心的空性迷惑，呈現的就是輪迴的境界。但是在輪迴境界當中，縱使迷惑之心展現出輪迴現象，仍然不超出心的實相──空性，因此，輪迴與涅槃兩者是無別的。

## 觀的修法

佛法說：「一切法都是因緣和合所生」，所以一開始學法修持時，初發心是非常重要的。傳法的時候，我一再闡述要發菩提心，因此以發菩提心爲因，再做大手印、大圓滿心性的禪修，甚至未來面臨死亡時，如何在中陰狀態中修持，這些都是由發心的前行而來的。

發菩提心之後，接續下來的一連串修持，現在講到正行中生起次第與圓滿次第的部分。

圓滿次第有所謂的「有相的圓滿次第禪修」和「無相的圓滿次第禪修」。「有相的圓滿次第禪修」講的就是脈、氣、明點等等屬於方便道的法門，「無相的圓滿次第禪修」則是針對心性空性的義理來做禪修。這個儀軌所講的生起次第、圓滿次第雙運禪修，指的就是觀世音菩薩的儀軌中生起次第──止的雙運，與接下來的心性禪修部分的融合。

前面我們講到關於「止」的觀修部分，接下來就從「觀」

的部分來闡述。心性、心的實相的修持，也就是勝觀的修持，有依止大手印的見地而修與依止大圓滿見地而修兩種方法。在這個修持心要法中，關於心性、心的實相——空性的部分，主要是依止大手印的見地來修持。首先講大手印中抉擇的方法，也就是引見心性的方法，之後再談修持的方法。

> 妙義尚須微細之觀照，無散無怠專注觀性體

「妙義」指的就是前面所講心的體性及空性的意義。對於心性空性的義理，我們無法用凡夫的妄念，將大手印的心性當成一個對境來觀修，也就是說，這是不能以妄念來觀修的，所以這樣一個聖妙的道理，連修都沒有辦法修，連一點點修的對境都沒有。這邊雖然寫「尚須微細之觀照」，但是不能講「尚須」，而是連微細的觀修都沒有。但並不是這樣就不用做觀修，而是說大手印的觀修並不是從我們的煩惱、妄念下功夫來修持的，你用煩惱、妄念去修，是沒有辦法修的。

既然大手印、心性空性的義理無法以凡夫的妄念來觀修，那要怎麼修呢？所以第二句就講觀修的方法是在這個義理上無懈怠地、專注地觀這個性體。「無散」是什麼意思呢？此時自己的心毫無迷惑，不散亂於任何外境，只是在心體上來觀照。

至於如何安住在心的本體或者心的本性上呢？心的本質是離「生、住、滅」的，在這樣的情境上，要如何觀照和安住呢？

前面講到有關我所依止的上師──噶瑪徹滇仁波切，他有這樣的開示：「此時對於已經過去的念頭不要追隨，對於未來的念頭也不用事先去製造或預期，對於當下這個念頭則鬆鬆緩緩地去做。」對於過去的念頭不再追隨，對於未來的念頭不預先造作，而現在雖然生起各種念頭，但當念頭生起時，便讓所起的妄念自然又回歸、融入到心的體性當中。

這種妄念自然解脫回到心性的情形，與每一位修行人本身的業報或福德、修學的精進與否，還有修行的過程都有關係，也各有差別，並不是那麼容易的。不是一聽上師講，馬上一修就能夠瞭解妄念自然解脫、融入心性的情境。但是，基於上師的慈悲加持以及弟子本身具足虔誠的信心，並且在修行上努力地聚集資糧，再依止甚深的大手印、大圓滿之教法，確實精進地去修持，一定能夠生起這樣的證悟。

我們要如實地觀照心的體性，才能夠安住當下。由於我們的心非常混亂，所以無法自然地安住在心的本體上。在西藏有個比喻：「就像清淨的池塘裡有沙土之類的東西，如果自然地讓水沉澱下來，就可以清楚地看見裡面的東西；如果你不斷地攪動池水的話，非但不能看見水清澈的那一面，反而會看見它變得混濁、污穢，無法顯現原來的樣子。」其實池水本來並不是這個樣子，是因為我們不斷地攪動，所以看不到水本來的狀態。我們現在沒有辦法立即自然安住在心的本體或是心的本質上，也是因為這個緣故。因為各種妄想念頭、迷惑不斷地生起，於是各種「生、住、滅」的情境便不斷湧現。所以一開始的時候，

要學著自然地放下並安住在心的體性上，它是無生滅的，沒有所謂「生、住、滅」的情形。

在這種安住的情境裡，不是非常緊，也不是太鬆散。經典裡有一段提到阿難問佛：「修行時應該如何觀修心性？」佛陀回答：「你會彈琴嗎？你知道彈琴的道理嗎？」阿難回答：「知道。」「彈琴應該怎麼彈才能彈出美妙的聲音？」阿難說：「彈琴時，弦不可以太緊，也不可以太用力。如果太用力，會失去琴弦本來的聲韻；也不可以太鬆，如果太鬆就無法彈出好聽的聲音，所以要鬆緊適中，就是這樣的道理。」佛陀說：「對！所以修行時，鬆緊之間也要非常調和，這樣才能好好地進入修行。」同樣地，在做大手印、大圓滿心性的禪修時，不可以強硬地想要制止妄念。因為我們對妄念所產生的執著非常強烈，而面對如此強烈的執著，我們要怎麼放下呢？

蓮師在修行的指示裡說：「如同湍急的瀑布，最後會流到和緩的平地而平靜下來；同樣地，一個瑜伽行者在禪修時，一開始妄想念頭會強烈地執著、掙扎，必須將這些執著念頭放下，這就是一種修行的好方法。」在此，妄想被比喻成瀑布的流水，就算流水再湍急，流到平地之後也會變得鬆緩；對修行人而言，一開始這種強烈的念頭只要努力地觀照、放下、放下、再放下，就會回歸平靜。

我們在做大手印、大圓滿的禪修時，如果不斷作意地製造念頭，一個念頭、兩個念頭……，不斷地刻意生起，而不是讓念頭自然止息，例如想著：「我要做這樣的禪修、那樣的禪

修。」不斷地從這些妄念中生出更多妄念，這種錯誤的禪修方
式會離本來大手印心性證悟的修持愈來愈遠、愈來愈偏離。本
來是要好好地從妄念上去觀照，讓妄念能夠自然止息，如此便
能容易地契入大手印。但如果你不是從這種方式契入，反而是
製造一個念頭，再從這個念頭上不斷地製造其他念頭，就像我
剛剛所說的比喻——如果我們一直想：「我要好好地修大手印，
我該怎麼好好地修呢？」不斷地在製造這類的念頭，看起來好
像是在修，其實是離大手印的禪修愈來愈遠了。

> 期盼佳兆又或生疑懼，是耶！非耶！一切念毋思，
> 或靜或動或明或晦暗，任何顯現直觀己性體。

在做禪修的時候，內心不要生起一種希望或期盼的心，想
著：「我要好好地做觀修。」或者想：「我這樣的觀修有達到很
好的境界了嗎？」不要有這種強烈的念頭，不要去追隨、期盼
這些。不但不要以一種期盼的心來修持，同時也不要起疑惑或
是恐懼的心，想著：「我現在修禪定時，心裡的想法與感受到底
是對或錯？這可能不是大手印的觀修吧？」這樣的疑惑是不需
要的。禪修時，不要起各種疑惑與分辨的心。「現在到底是對還
是不對？」應該完全放下這樣的念頭，自然地安住在心的體性
之中。此時，你會處在一個很平靜的情境，或者有時候念頭會
非常繁多，心不斷地在擾動，但是不管靜或動的時候、觀照清

不清楚，或者是起好或壞的念頭，心都不要用各種思惟去想這樣到底是對還是不對——根本不要動這樣的念頭！此時，心先鬆緩緩地安住，然後再查看這個念頭的本質是什麼；也就是看著心的體性，並安住在這個體性中。

　　所謂看著心的體性，到底是在看什麼？有什麼好看的呢？其實並沒有什麼可看的，這是「無所見」。西藏有一個故事：有一隻貓頭鷹的眼睛在白天看不見東西，晚上則看得到東西，牠的眼睛是黃色的。有一個人就問：「這隻貓頭鷹的眼睛為什麼是黃色的呢？」某人回答說：「因為貓頭鷹吃了太多的酥油，所以眼睛是黃色的。」好奇的人又問：「為什麼貓頭鷹的爪子看起來很粗糙，爪子的皮膚好像都龜裂了？」某人又回答說：「因為牠從來都沒有喝過酥油。」我要講的是，在這個大手印、大圓滿心性的觀照裡，只要觀照著自己心的體性，但是到底在觀照什麼？其實並沒有一個所觀的東西，是無所見的！就像我舉的這個例子一樣，這件事情的兩個答案是相反的。如果沒有喝酥油，為什麼牠的眼睛是黃色的？如果喝過酥油，為什麼牠的爪子會龜裂？答案本身已經互相矛盾了。

　　另外還有一個和貓頭鷹有關的故事：有人問：「為什麼貓頭鷹的頭扁扁的？」「因為牠接受了太多的灌頂。然後他又問：「為什麼貓頭鷹沒有耳朵？」「因為牠從來沒有聽過法。」所以，觀照心的體性要怎麼觀？並不是用我們的眼睛去看一個東西，其涵義是確實安住在心的體性裡。因此在這樣觀照心的體性時，並沒有一個所謂能觀的我以及所觀的對境。這個時候，所有的

妄念自然解脫也好，自然遮斷也好，除了心的體性之外，再也沒有其他，沒有二元的妄念，這就稱為「見心的體性」或是「證悟大手印、大圓滿的見地」。

之前我們常常在字面上講自己心的體性或觀見心的體性、心的本質，這裡所講的是在修行中確實證悟到大手印的見地、心的體性。在這樣的禪修中，所有的妄念都融入心的本體、實相——空性中了，此時便稱為見心的體性。除此之外，如果你還見到一個特殊的心的體性，那應該是錯誤的！經論中說：「『無所見』是最殊勝的見。」所以在大手印、大圓滿裡，常常會用到「見到心的體性」，但是事實上是離能見、所見兩種對待的。所以，禪修的方法就是在生起妄念的本質裡能如實地安住。我們現在所謂的心，是指每一個所起的念頭，要在妄念的體性上確實觀照並了知安住，如此自然解脫妄念，而妄念的自性現前，此即稱為「妄念於法身上解脫」。

妄念的解脫可以用幾個不同的比喻來說明，先用其中一個例子會比較清楚：「就像你在水面上畫圖，所畫過去的每一個筆畫，會立刻消失在水面上，大家看到的只是水而已，根本看不到你畫的圖。」所以，妄念的生起也是這樣——從心的體性中生起，立即又消失無蹤。因此，我們要確切曉悟一切妄念皆是由心的本體、實相所生起的，不論起了什麼妄念，在妄念的顯現上能解脫是非常重要的；解脫之後，妄念與心的實相——空性就無異了。

我們現在也許會有這樣的想法：「應該不是這樣的，應該有

一個可以讓我們修行的方法，大家努力修持此方法後，便能夠達成或證悟心的體性，應該是這樣才是呀，不是那麼容易的！」所以，我們就把妄想念頭當成一個妄想念頭，並認為另外還有一個究竟證悟的心的體性，於是認為這是妄想念頭，那是證悟的心的體性，而我們都必須經過某種修持之後才可以得到或是證悟心的體性，自然而然地就把這個東西整個分開。

或者我們會想：「這個所謂大手印心的體性應該是這樣的道理，所以我們現在應該把妄念遮止掉，而保有一些清淨的意念。當我們瞭解一些清淨的意念後，才能證到大手印心的體性。」我們必須捨棄這些錯誤的想法，對於自己當下的念頭，不管是妄念也好，覺知的念頭也好，都必須確信這個煩惱念頭或是生起的妄念當下就已經具足心性的本質了。

所謂強烈執著、無明等煩惱念頭，並不像我們所認知的那樣是真實的，這些無明、煩惱、妄念、執著是無實的東西，因為我們經過長久的時間、非常努力地造作，便認為這些是真實的事物。我們把不真實的東西，經過一些過程，努力地去抓取，並認為是真實的，但是事實上卻不是這樣。例如一棟房子，一開始並沒有這棟房子，我們需要有地基、柱子、屋樑等等，努力地將房子蓋起來，最後才建成一棟房子。我們的我執、無明煩惱也是這樣──我們很努力地將這些我執、無明、煩惱建立得非常真實，但是當你瞭解到這些是無實的，這些執著的心立即就鬆開了。所以只要你不這麼努力地抓取煩惱，建立我執，無明、煩惱等，自然就會回歸到心的體性上。

　　同樣地，我們也是因為不瞭解的緣故，所以在生生世世中努力地去造作、抓取、製造更多的業，因而不斷地在輪迴中流轉，無始的輪迴就是這樣形成的。我們不要汲汲於造作、抓取，只要漸漸放鬆一點、放鬆一點，那麼所造的業、無明、迷惑就會愈來愈少。等到某一天，當你可以毫不猶豫地完全放下時，那些無明、迷惑也就全都放下了。

　　這裡所說的藏文「適給大」（註：中文字面意義翻成：「瞪眼直視地看」），在中文裡有明白地表示出來嗎？用「極端清楚地看著」來說的話，無法讓人領會其中的意思。「適給大」是描述心的實相的詞語。要像「適給大」一般，就這樣安住在心的體性、心的實相上。所謂「適給大」，意思是沒有任何妄念要斷除、成就，唯獨智識的明性在直觀著。這有很多的比喻，所謂「非常乾淨地、清楚地觀」的說法，只會讓人更難以領會而已。或者說「赤裸裸般，沒有任何遮障般地完全看得見」，這也只是講到其中的一部分。「適給大」這個詞不容易領會，那是見到心的體性之後說出的。如果本身沒有一點這種經驗和體會，只是這樣子解釋是無法清楚瞭解的，然而，西藏文的「適給大」一詞正好可以將這一點適切地描述出來。

　　前面所說的正行——觀的大手印見地，在下面會說得更清楚。

> 如是正行修持當精進，靜則不散如如而安住，
> 動則任運遨遊遍十方，了知動靜任運皆覺性，
> 雖各自顯本質俱為一。

　　無論是止觀的修持也好，大手印的禪修也好，按照這個正行的修持去做時，心中會產生各種不同的覺受。所謂覺受，就是你按照修持法門在修持時，會產生某些情境，好像你的內心會有所見、有所感。

　　第一個情境是「靜」，此時你會有一種感受——你的心不會起任何妄念，能清清楚楚、鬆鬆緩緩地安住，沒有任何念頭的起動。第二個情況是內心不斷擾動，妄念不斷生起，這個念頭一下子想到東，一下子想到西，起落得非常快，這就是所謂的「動」。在「靜」或「動」的情境下，清清楚楚地覺知心是在靜、在安住之中，或者心是不斷地在擾動，這一種清清楚楚的覺知，便稱為「覺」。所以有三種情境——靜、動、覺。

　　「靜」、「動」、「覺」三種情境又可以分成粗、細兩種狀態。對於一般初修行的人而言，我們從來沒有這樣觀照過自己的妄念及心的體性，所以當我們開始禪修時，慢慢地能夠感覺到心的安住或是心念在不斷地擾動；或者在「靜」、「動」的同時，可以清楚地覺知是處在什麼樣的情形，這種一開始所產生的靜、動、覺，是一種比較粗的禪修覺受過程。這個時候，你會清楚了知心有「靜、動、覺」這三種情境。雖然這些只能算

是粗相的覺知，卻也是進一步證悟所需要的。如果沒有這個基礎，真正的證悟便無法落實。由這種比較粗的「靜、動、覺」覺受之生起，再進入更微細的證悟情境時，無論在「靜、動、覺」的任何情況下，便能確實了知這就是心的體性，並且與空性是無別的。

岡波巴祖師說：「我們自身本具的心性就是法身，而外顯的一切相就是法身的光，是由法身的力量所顯現出來的。」就如同水與水波、大海與海浪一樣，海的波浪並不離開海，其本質就是海水，兩者沒有差別。所以，妄念本身並不離開心性的本質，而且妄念本身與空性是無異的，因此，妄念在生起之時即自然解脫、融入空性之中。此時，不管你在修行過程中的覺受是否具足「靜、動、覺」的任何一種或是同時具足，都要確實覺知「靜、動、覺」其實就是心的體性，其本性與空性是無別的，進而安住在它的本質上，這是禪修時要把握的一個要領。

> 靜為法身、動為幻化身，覺為圓滿報身之性體，
> 此乃殊妙三身皆安立。

之前我們曾經談到現在凡夫的心性、心的實相，即是佛的三身，這裡再進一步講現在凡夫的心中，當下就具足佛的法、報、化三身的因或種子——如來藏。第一個「靜」，也就是在妄念不生的情境之中，就是法身；在各種念頭不斷自然生起的

「動」的情境時，就是化身；而能夠確實了知現在是動或是靜的「覺」，即是圓滿報身。所以，「靜、動、覺」三者之本質並無差別，亦稱爲體性身。那麼有「靜、動、覺」三種修行上的覺受也好，或者有更深的證悟境界也好，甚至在一般凡夫身上，就算沒有經過修行也罷，其實大家都具足「靜、動、覺」三者。雖然沒有修行的凡夫也具足「靜、動、覺」這三種情境，但是他並沒有了知這就是成就三身的因或種子。

所以在這個教授中，一開始講到心性的時候，提到心的生、住、滅——心從何處來？怎麼來？如何住著？又往何處去？再講到心具足佛的法、報、化三身之體性；進一步又講到心的「靜、動、覺」。因爲眾生本身具足法、報、化三身的體性，所以經由禪修的修習，透過「靜、動、覺」三種修行的現象與要領，便能夠實際證悟三身的體性。

如是動靜無二亦無別，無需選擇唯習諸方顯，

在禪修中，不管你是安住在自然、沒有妄想念頭生起之「靜」的境界中，或者是在各種妄想念頭紛飛、不斷擾動的情境裡，「動」、「靜」並沒有好與壞的差別。並不是說不起任何念頭的安住就是好，而不能夠靜止就是不好，其中並沒有好壞的差別。並不是說有一個所謂妄念不起的心，還有一個妄想紛飛的心，這個心是好的，而那個心是不好的，並非要做這樣的比

較。而是妄想不起時的那個心之體性，和念頭不斷紛飛擾動時的心之體性，兩者根本是無別的。不管心是運動的或是靜止的，都要直接安住在心的體性、心的空性上來修持，這兩種境是無分別的，所以說「無需選擇」。因此不用分別這個是好的、那個是不好的，而是無論「動」、「靜」如何顯現，都應該直接在心的體性上去做觀照，或是在禪修中實實在在地安住，這就是修持的方法。

　　至於要如何按照前面所開示的生起次第與圓滿次第的修持方法來修持呢？

　　初時宜短分次勤觀照，爾後次第延長作觀修。
　　第五當下精勤生圓次第歌。

　　一開始，禪坐的時間可以稍微短一點，但是坐的次數要多。這裡並不是說禪修時不可以一次就坐很長的時間，只是剛開始修行的修學者，如果一開始就坐很長的時間，常常會無法真正安住在正確的禪修狀態中，有時候會陷入昏沉、掉舉，或者沒有辦法真正領悟到禪修的本質，所以初學者一開始修持的時間可以稍微短一點。不過時間雖然短，次數卻要很多。為什麼次數要多呢？我們的妄想念頭很多，因此需要常常練習禪坐，使心性修持的方法變得純熟。假設我們在一座中，心能夠入於實相──空性裡，如果多多禪坐的話，心入於實相的次數就會變

多。又例如練習了一段長時間的禪座之後，好像才剛剛領略到了，可能又會遇到其他的妄念，這時我們的妄想念頭又會很快地把之前對禪修的覺受或了知遮蔽住，那麼自己就無法安住在心的實相上了。如果能夠將禪坐的次數加多，修持就會變成習慣，禪修所延續下來的習氣或力量就能持續。第一座時稍微有點覺受，第二座再坐時就能延續那種心的覺照，這樣子，一開始禪坐的時間要短，但是次數要多，漸漸地，禪坐的時間可以愈來愈長、愈來愈久地去做觀修。如果我們能夠確實依照這個要點去做觀修，一定能證悟大手印的心性。

　　以上就是第五章對初修學者開示如何很快地進入生起次第與圓滿次第雙運的禪修方法。

## ◎法義問答

問：　禪修時應該閉著眼睛好呢？還是張開眼睛好？

答：　修行的時候，閉不閉眼睛跟每個人的修持有關。有些人閉眼時，心容易專注、觀想得清楚；有些人睜開眼睛才能夠觀想清楚，因個人的習慣而有差別。第二種差別是修持法門上的差別。例如在大手印或觀空性的教法中，或者在大圓滿「托嘎」的教法中，有特別提到眼睛的姿勢應該如何。「托嘎」中有觀法身、觀報身、觀化身等不同的方式。

問： 心的明性是依於外境而顯現的嗎？

答： 心不是依外境而呈現明性的，心的明性是自然本成的，心的自性本然且心的自性為明的，是一直有著的。例如眼見色而生起眼識，便形成執取色的眼識；然而，心的明性並不是如此，心本身的自性是明的。

問： 五方佛與佛母雙運，那麼五大和五蘊雙運嗎？

答： 五大和五蘊雙運是視情況而說的，一般而言，並沒有五大和五蘊雙運。例如在說五大時，五大和五蘊並沒有雙運，而在某些情況之下則有五大和五蘊兩者雙運。一般來講，是有方便與智慧、方便與空性兩者結合的，而有些不共的說法也有提到雙運，但並沒有五大與五蘊雙運的情況。

問： 顯教裡禪宗講即心是佛，密宗則講即身成佛，彼此的見地不同，成就也不同，是嗎？

答： 這會變成宗派的各自成見，為什麼你的宗派可以即身成佛，我的宗派不能？這是一種戲論，並沒有必要做如此的分別。這裡主要談到的是密乘裡教授即身是佛的法門，顯教經典裡只講到即心是佛，並未講述即身成佛，差異在此。

問： 他們所持的見地是不同的嗎？

答： 在禪宗裡，有見性成佛或者自心成佛；但是在顯宗的經典中，已經講到如來藏，一切眾生本具如來藏，所以眾生本來就具足成佛之因，這在顯與密的教理中都是一樣的。佛陀所講的經，在第三轉法輪裡有講到如來藏的觀念，一切眾生都具足如來藏，這是經典中最高的見地。

問： 觀修生起次第時有什麼要訣？

答： 一般來說，觀修生起次第時有三個要點：明、堅、念。第一、「明」就是「相明晰」，相要觀想得非常清楚，也就是說，本尊的衣服、身相、姿態等要能清楚地觀想出來。第二、「堅」，做觀修時要非常堅定的相信自己就是四臂觀音，不可以認為自己不是觀世音，要當下立即觀想自己就是四臂觀音，信心要非常堅定，眞正生起本尊的佛慢，確信我就是觀世音菩薩，內心沒有任何疑惑。第三、「念相」，要能夠配合著相去思惟勝義的道理。譬如觀想四臂觀音身上種種的莊嚴時，也要觀想到四臂觀音的肩上披著一件鹿皮衣，此時你必須瞭解鹿皮衣所代表的涵義是什麼。就勝義的義理上來講，它代表觀世音菩薩無比悲切、無比大慈大悲的心量。在義理上，觀世音菩薩身上種種的法器、莊嚴等等，跟究竟的義理也有相對應的涵義，因此觀想時，要確實地瞭解這些勝義的道理。如果我們用凡夫的想法而認為觀世音菩薩需要種種的莊嚴，所以化現出這麼多的嚴飾；或者是以為觀世音菩薩怕冷，所以披著鹿皮

衣，這都是不恰當、不正確的想法。

問： 觀想觀世音菩薩的咒輪放光時，是不是要將六個字觀想
得很清楚？而且六個字同時轉，在轉的時候，也要觀想
得很清楚？「啥」字也要觀想嗎？中間的咒字是不是擺
著不要動？速度到底要快到什麼程度？

答： 一開始，你先將觀世音菩薩的坐姿觀想清楚，開始觀想祂
坐著不動。至於放光的時候，開始時，咒字要一一觀想清
楚，但當轉動的時候，因為咒輪轉動的關係，字是可以模
糊的，觀想不清楚沒有關係，如此便能轉得快。咒輪轉動
以後，觀想它全部放出白色的光，遍滿照射六道的一切有
情眾生。瑪尼快速轉動時，依於此轉動而放出白色的光。
「啥」字是向前面的，並不放光。當你觀想清楚後，咒輪
轉動的速度可以稍微快一點。至於什麼程度叫做快？並無
法講出一個確切的量，可以自己拿一個東西（例如轉經
輪）在手上轉，速度大概就像這樣。

問： 咒字是左旋還是右旋？為什麼會有左旋或右旋的區別？
有沒有什麼用意？

答： 右旋。密續中有父續、母續。在父續的教法中，大部分的
咒輪向右旋；在母續的教法中，咒輪向左旋，這是一般的
情形。當然，各個密續中各有不同的開示。咒字左旋或右
旋，是因為出自密續教法的緣故，其所指示的觀修方法就

179

是這個樣子，並沒有強調其中有什麼涵義。倒是有一個涵義，但是這個涵義在這裡講不太洽當。之前有提到，密乘裡有一些甚深的不共涵義不可以隨便開示。我想到西藏有一個諺語：「西藏有一種候鳥，冬天寒冷時會遷移到地勢比較低的地方；夏天的時候，則會遷移到比較高的山區。牠們會一邊遷移，一邊尋找食物。有一次，鳥王和某隻鳥說：『明天我們要遷移到其他地方去了，在遷移的過程中，你們不要講話。』然後這隻鳥就跟另一隻鳥講：『不要說話。』結果第二天在飛的時候，第一隻鳥向第二隻鳥說：『不要講話。』第二隻又向第三隻說：『不要講話。』以此類推，結果反而使整群鳥嘎、嘎、嘎地吵鬧不休。」這個比喻是在告訴大家：「有些教法不能講，是因為超出我們的理解能力範圍之外，所以聽了以後，我們所理解的反而不見得是我所要講的涵義，其中會有所出入或是理解錯誤。如果我們再傳述出去，將會使這個錯誤愈來愈大。」

問： 雖然字是以圓來排列，但是我們是不是觀字的外面？

答： 重點並不是這個咒字是從這裡看還是從那裡看，而是當下自身即是觀世音菩薩，而心間有咒輪在轉動。

問： 修持時，種子字是觀中文還是藏文？

答： 可以用藏文觀的話，就用藏文來觀；觀不成的話，用中文

也可以。

問： 之前在講述「生起次第」時，是自觀為觀世音菩薩，然後開始放光，接下來又該如何觀想呢？

答： 就按照之前所講的修法，一直到修止的地方，觀想觀世音菩薩的壇城，然後放光利益一切有情眾生，也願十方諸佛利益一切有情眾生，然後一切化為觀世音菩薩的淨土；或者是安住在心裡面的種子字「啥」字上面來修持，這是止與生起次第的修法。當你修止一段時間後，就可以開始實際觀照自己心的體性，如同前面所開示的這樣。有時候當你四臂觀音的法修完了，安住下來的時候，可以直接先止息，然後安住在這種心之體性的觀照上，這樣也可以。

問： 修圓滿次第時，也要觀淨土、光融入自身與住於空性……等等嗎？

答： 沒有這種需要。

問： 在修持的過程中，既然在「動」、「靜」中，甚至是法、報、化三身上，我們不應該再經由妄想、執著去加以分別，那麼在修持的過程中，「所知障」到底是如何破除的？對治法如何能斷除障礙？

答： 依照這樣的修法，自然就能盡除這些障礙。一般在密乘裡，有四種障礙：煩惱障、所知障、等持障及習氣障。一

181

般在顯宗裡，又有煩惱障及所知障兩障。現在依四身的修持，說身、語、意以及均等的障礙，依於「靜、動、覺」與三者無別這四種觀修而說障礙。在這個修持法裡，確實了知「靜、動、覺」三項是無別的，本質都是心的空性，安住在這樣的禪修中，再藉由禪修及觀修所顯現的力量，自然就能夠淨除這些無明的遮障。

對治法和障礙兩者是相違背的。對治法的修持力量在心續中生起，能夠除去障礙，就像太陽的光芒出現後，昏暗自然就會淨除一般。爲什麼呢？因爲太陽具有除去黑暗的能力，而光明與黑暗兩種力量是相違背的。同樣地，對治法具有與障礙相違的力量，對治法生起時，這種力量使得對治法能夠斷除障礙，因爲這兩者是相違的。確實安住在這三項無別之心的體性中，這些遮障自然就消除了。

問： 一般而言，本尊如何爲我們示現？

答： 在修本尊法時，我們常常講本尊示現，本尊示現一般有幾種不同的情況：第一種的示現就是實際顯現在你面前；第二種是在夢中以本尊的身相顯現在你面前；第三種則以不是本尊的其他形象顯現，這種情況有時候也是在夢中，雖然本尊示現，但是我們沒有辦法有這種功德去實際見到本尊的示現。例如本尊不實際現出阿彌陀佛的形象，而現出其他眾生等形象的事例。所以雖然本尊已經示現，但是本尊是以其他眾生的形象，例如一個男人或女人，或者是動

物的形象來示現。

問： 可否請舉一個實例？

答： 我在這裡講一個實際發生的修行事蹟：以前四川色達五明
佛學院的堪布晉美彭措法王，當他在講《現觀莊嚴論》的
時候，《現觀莊嚴論》中發菩提心的部分與各宗派的主張
有些許不同，他看了之後，內心就起了疑惑：「到底要如
何闡述這部分的教理？」此時怙主彌勒菩薩就以一個凡人
的樣子示現，告訴他發菩提心的義理是如何的，以這種方
式給了他一個教授。

問： 「亦非全無、自心性體明，體明非一諸多俱皆顯，其非
為異本質俱是一」的意義是什麼？

答： 這裡講的是心不是沒有，為什麼不是沒有呢？因為心具足
明性，所以說心不是沒有。雖然心沒有來、去處，但並不
是沒有，因為心具有明性。既然如此，心也不是有，因為
找不到，卻也不是無，那麼到底是怎樣的情境呢？那是超
越妄心分別、非有非無的情境。

問： 為什麼說心不是有？

答： 因為就心的體性而言，心本來就是無實的、不存在的，而
是我們辛苦地把它造做出種種的分別。

問： 當我觀心無來、無去、無住時，心好像一個池塘中的氣泡浮上來，漂了一下，又破滅了，這要如何對治呢？本來是要修無的，修一修變成有了。

答： 因為不知道心有沒有所謂的生、住、滅，所以一般要在心之有、無與生、住、滅上辨察。心沒有所謂的生、住、滅，我們所執取的心是沒有自性的。這心是有還是沒有？住是有還是沒有？滅是有還是沒有？能夠如此地辨察的心是存在的，去觀一下辨察之心的體性，看看它是怎樣的；或者觀修時，在心的體性上自主地安住，那麼心就能安住下來了。

在辨察心的時候，會生起許多妄念，就好像水中生起氣泡，然後又消失了一樣，這很好，就是要像這樣。妄念現起時，若能離開此妄念而入於空性的狀態，觀的見地就會生起。氣泡就像是妄念，首先由水中生起，消失時，也是消失入水中。妄念也是從空性而來，也要能消失於空性中。

# *6.*

# 覺受生起的方法與消除障礙之歌

　　台灣有句俗語：「虎頭蛇尾」，在西藏也有這樣的諺語，說：「聞思猶如蝌蚪頭，頭部大而尾巴細。」形容我們在聞、思的過程，剛開始時很用功、很努力地去學習，就像蝌蚪的頭一樣大大的，也就是用「蝌蚪頭大」代表剛開始修行時非常精進地用功，但是經過一段時間之後卻洩了氣，就像蝌蚪的尾巴一樣細細的。一個人如果沒有持續地以長遠心去修行的話，虎頭蛇尾，就像蝌蚪一樣，頭大尾小，一開始時很精進勇猛，之後便漸漸怠惰，最後乾脆放棄了。因此我們不要像這樣，應該持續努力用功地聽聞與學習教法。

## 既知妙法須起行

　　上一章講到如何修持生起次第與圓滿次第，並且教導我們運用止觀禪修的義理去修持。接下來我們要談的是，當你確實去做禪修時會產生什麼覺受？這些覺受又是怎樣的情境？此外，

在修行的過程中會顯現出一些障礙，因此本章也提到淨除這些障礙的方法。

> 耶瑪霍
> 稀有哉

前面幾章講到輪迴的各種痛苦，並且講到觀修無常，所以你會發現每一章前面都是「耶瑪霍」，這是藏音翻譯，是一種感嘆：「真的是很苦呀！」到了第五章、第六章，經過修行之後，修行者開始生起各種覺醒和證悟的境界，因此你會發現第六章的開頭是「耶瑪霍」，意思是：「真是稀有啊！」

> 邇來概述簡授者眾故，是令略知片解者多有，

現在這個時代，有很多人在做講解和開示，雖然不是講得很深入，只是有很多學者在做一些淺顯的開示，使得對這些法門義理稍微有一點瞭解的人變多了。

> 然為現世外相所矇騙，心中未感無常死厄苦，
> 流於知見之徒極其多。

雖然現在這個時代有很多人知道要求法，也對法門有一些瞭解，但是聽過這些教法之後，我們的心並沒有辦法真正回到法上好好地修行，仍舊沉迷於世俗的種種外相，內心還無法收攝在法上，為什麼呢？這是因為我們沒有去思惟以及如實觀察的緣故，所以對於世間的各種現象，以及自身種種苦樂的感受仍然非常執著，認為一切都是真實的。因為未善加思惟、如實瞭解的緣故，所以心完全散亂在世間各種外相上，因而被世俗的外相所欺騙、矇蔽，內心則無法對無常、死亡等諸多痛苦生起真實的感受，或是雖然知道了一點法，卻不能夠加以修持，只停留在認知的層面上而耽誤了，這樣的情形非常多。

雖多聞教仗此驕誇笑，不慎罪業行比凡夫劣，
受教法後嚴揭他過失，無修行甚厭離心所致。

雖然聽了很多的佛法與講說，但自己的心續上總是對於死、無常等等修持是否能夠成辦產生懷疑，最後無法精進修持，而且愈是在心續上修持，煩惱就愈來愈熾盛。如果我們聽了很多佛法而不能好好修持，會想：「喔！這位上師說的這些我已經聽過了，而且早就知道了。」於是隨便把上師所教授的法，對其他人吹牛、開玩笑。不僅如此，甚至會不怕造作罪業而犯下許多的不善業，最後蔑視因果業報，對於惡業也不知道要生起羞恥、慚愧的心。雖然聽聞了那麼多的教法，行為卻愈來愈惡劣，

反而造下更多的惡業。還有一些人聽聞許多教法之後，反而將佛法變成更嚴峻地觀察、披露別人過失的工具。因為自己知道了一些道理，因而一直看到別人有這樣、那樣的過失。這些錯誤的行為都是因為沒有斷除貪著、生起出離心的緣故。

　　所謂出離心或是離貪著的心，指的究竟是什麼呢？就是我們內心自然地遠離煩惱，遠離輪迴的各種貪著，不再沉溺於世間的煩惱幻相。這裡再一次強調出離心，也就是為什麼在前面我們一直強調要好好地思惟壽命無常、業報因果、暇滿人身難得與輪迴過患等等所謂「共的加行」的思惟。藉著這些思惟，讓我們生起真正想遠離世間一切貪著的出離心境，這種心境是修行的重要基礎，就像是修行的根基一樣。對於輪迴的一切，確切地體會到不圓滿，並且產生真正不去貪著的心，稱為「出離心」。如果沒有生起這樣的出離心，便無法遠離貪著。如果我們不瞭解外在世間輪迴的各種過失，心還會緊緊地與世間連結在一起，根本沒有辦法讓心回轉過來，也就不能從世間相中出離、遠離貪著，所以首先我們必須知道輪迴的過失。

　　如果根本不瞭解輪迴的各種痛苦，不瞭解煩惱具備的各種過失，不瞭解生命是無常的，也不瞭解世間是不清淨的，你根本不會想從痛苦中出離，不會想從煩惱中出離，甚至不會想從不清淨的輪迴過患中出離。所以，出離心是修行的基礎。如果內心真正生起出離心，就算告訴你不要捨棄一切的世間外相，你的心也會捨棄的，而且是很自然地就捨棄了這些境相。倘若你的內心不能生起厭離感，所謂的修行是做不來的。修行是什

麼呢？是消除這些過失與痛苦的方法。如果內心不想消除這些
過失與痛苦，那麼為何要修行呢？理由在哪裡？

> 雖知妙導若不起而行，無法得見覺沃佛等般。

在這裡我們說一個比喻：西藏拉薩的大昭寺有一尊釋迦牟
尼佛的佛像，如果要從青海這邊的道路走到拉薩，雖然知道怎
麼走，但是如果你不啟程的話，無論如何也沒有辦法到達拉薩
去親眼見到釋迦牟尼佛的佛像。修行也是這個樣子，雖然你知
道很多修行的開示與方法，但是如果不確實地去修持，那些法
對你的心續並不會產生任何幫助，你還是沒有辦法證悟。

接下來講在修持所學的法上，有三種不同的修行方式。

> 妙法根器概分上中下，上根無須捨離世間行，
> 融合世間作為自在修，不捨塵欲轉為道妙用，
> 猶同君王般札菩提然。

對於具有善妙智慧、上乘根器的大修行者而言，他們在修
行中不需要斷捨世間的各種境相，因為他們很自然地能將世上
的一切都轉化成修行道上的方便與資糧，所以不需要捨離世間

的外境。例如他不必斷捨對五欲的享用，反而把五欲的妙用轉為修道上的方便，就如同君王殷札菩提一樣。殷札菩提王是印度的國王，佛陀在世時曾受到殷札菩提王的宴請，之後佛陀對殷札菩提王開示了一些佛法，首先講到要生起菩提心，斷除種種物質的享樂。殷札菩提王是位根器非常銳利的弟子，他對釋迦牟尼佛說：「你所講的法都是要斷除外在世間的種種欲樂來修持，而我是擁有那麼多財富的君王，如果你有一個法是不必放下外在世間的所有財富便能夠修持的話，那我就依法修持。」於是釋迦牟尼佛為他開示一個不需要斷除世間的貪著享樂，反而將其轉為道用的法。殷札菩提王依循此法而修持，便得到了證悟解脫。所以，這種根器銳利的弟子能夠將世間的各種欲樂帶到修行道上，與修行結合在一起。

中根須捨濁世諸般享，當如出家解行求深嚴，

中等根器的修行人，就必須示現成一位出家人的身形，完全斷除對世俗的貪著，放下世俗的各種作業。

飲食起居當須合戒軌，藏印諸師如是得成就。

這樣的修行人對於生活上的衣食等等需求是非常微少的，

只要夠用就好。在這種情境下，實實在在地修行，自古印度、
中國和西藏的博學家與成就者們都是如此修持的。

下根器以二心不得圓，不得兼顧法與世間行，

因為下根器的眾生無法一心二用的緣故，所以把心用在世
間法上的時候，就沒有辦法好好修持出世間法；如果想要專心
修持出世間法，就無法兼顧世間法，所以世間與出世間這兩種
情境都不能好好地兼顧。

萬事皆拋一切唯持修，密勒、郭昌諸傳如是載。

對這樣的眾生而言，必須完全捨棄對世間的各種貪著，完
完全全放下，一心精進地在出世法上去修持，就像密勒日巴與
郭昌等人都是這樣做的。像這樣分別上根、中根、下根的說法，
實在是非常稀有的。因為以密勒日巴而言，他在一生中完全放
下對世俗的貪著，精進修行，終於證得佛的究竟解脫果位，達
到即身成就的高超境界，是每個人都非常景仰的上師。在這裡
之所以用這種方式來區分上、中、下三種根器，最主要的用意
是：「如果一個修行人能夠將世間法與出世間法兩者完全融合，
不需要斷捨某一邊，又能巧妙地將世間法轉為修行的道用，能

191

這樣修持的人算是根器利的。」大致上是這樣子來說的，但其實並不是這樣。如果我們不是很瞭解這個道理，那麼，自己吃得飽飽的、穿得好好的，高興時就聽聞一些教法，或是靜下心來好好修一修法；但是稍微遇到一點不順心時，就又回到世俗的享樂及貪著，如果這樣的人叫做根器利的話，那麼大概大部分的人都是前面所講的上乘根器的人了。然而，是不是絕大多數的世間人都是上等根器的人呢？那麼密勒日巴等人又算是什麼樣的修行人？所以有句西藏諺語說：「一個人平常三餐吃得飽飽的，太陽也曬得暖暖的，他的心裡便能舒適自在地安住，好像是一個修行人的樣子；當他遇到種種逆緣顯現的時候，各種貪心、瞋心、愚癡便不斷現前，原來實際上他只是一個平庸的人。」這種人在遇到順緣的時候，看起來像是一個很好的修行人，可是一旦逆緣障礙現起時，整個無明、煩惱都顯現了，其實他只是一個平庸的凡夫啊！

三器均須任運於當下，恆當精進覺證即現前，

不管你是屬於前面所講的三種根器中哪一種根器的弟子，修行時同樣要依止前面所說的修行方法不斷地精進、長時間持續地下功夫，修持的覺受與證悟就會漸漸地現起。

此又各憑自身之根器，或生一覺不生所有覺，

每個人的根器與智慧的差異，在修行時會產生某些覺受，有些人則不見得會生起同樣的覺受，可能只是生起其中的一、兩種，所以覺受、證悟的生起，並不是每一個眾生都相同，而是跟眾生前世的業力所感得的今生果報，以及各種善、惡業習氣有關。

> 亦有當下即生大覺受，亦有「間或而生」、「生而斷」，
> 亦有次第漸進猛烈發，

對於一些具有良好根器的弟子，當他接受佛法之後，一開始修持便能馬上生起很高的覺受與證悟境界。有些人在接受了心性、空性與大手印的教導後，實際去修持、觀照，也能很快地認知心性、空性及大手印的義理，並且迅速地證悟大手印。因為這些人前生修行的業緣，以及此生具有的智慧的關係，所以在修持大手印的過程中，並不需要非常精進努力地修持，很容易就能證悟大手印的境界，就如同我的上師法王如意寶，也就是晉美彭措法王，他在年紀很輕時就已經證悟大手印的心性。

有些眾生在修行的過程中，有時候會生起大手印禪修中好的覺受，有時候則不論怎麼修，不但不會生起任何覺受，反而陷於苦惱、難過的情境中。有些人是按照修行的次第不斷地漸次修持，一開始的覺受並不是很高，但是按照次第一步一步來，覺受證悟便會愈來愈高。

是故次第顯現如下宣。

雖然覺受的顯現有上述種種差別，但是接下來還是按照其現象來做次第的開示。

## 覺受的顯現方式

初發心於當下妄念紛，覺照四隅無念與妄雜，

開始修行時，我們聽聞了如同前面所開示的大手印見地與修行方法，再按照這些方式好好地修持，內心會是怎樣的情況呢？一開始時是在剎那、剎那之間，心無法安住，念頭紛紛擾擾地生起，一刻也不停留。這個時候，我們常常會起退轉或煩惱的心念，並且會生起各種疑惑：「奇怪，修行應該可以斷除各種煩惱，爲什麼我愈修，內心的煩惱、雜念卻愈加猛烈，是不是這個法門不好？」這種修行的覺受就像高山上的瀑布一樣，而我們的念頭則如同瀑布一般，非常的多。剛開始修持時常會這樣，此時你要知道：並不是因爲你修行了以後，妄想念頭就增加許多，而是因爲以前沒有修行，從來不曾仔細觀察自己所起的各種妄想念頭。現在你開始禪修，開始去觀照內心的情境，

才看到原來心裡有那麼多紛雜的念頭在生滅，並不是因為禪修之後才生起妄念的。這是一種好現象，表示你的念頭已經漸漸在減少了。所以此時你不必生起退轉的心念，疑惑自己對修行的法門是不是不夠瞭解？用的方法是不是不夠好？不需生起這樣的疑惑，只要好好地按照正確的見地確實去修持即可。

接下來講到：當我們在修行中產生很多的妄念時，要如何修持？

> 此刻軀體挺直而鬆放，念動即起猛然即覺查，
> 一回原處本覺善安住，

此時應該按照禪坐中身體姿勢的要領，讓身體保持正直，之後把身心放得鬆鬆緩緩的，這就是一種對治妄想紛起的方式。修行時，身體姿勢的要領就是按照「毗盧遮那佛七支坐法」，或是其他談到心性如何安住於空性的要點等等，這些方法總歸來講，就是身體要保持正直，不要緊繃或急躁，而是鬆鬆緩緩的，並且安住在這種身心鬆緩的情境當中。其實我們要瞭解：「念頭依止於氣息上，氣息依止於脈上，而脈則安住在身體中。」因此禪修時，我們若能依止禪修的要領，身體保持正直的姿勢，脈就會直；身體的脈直了之後，在脈中行走的氣就會直；氣直之後，心念自然也就跟著直，這是很重要的一點。基於身、心兩者的關連，如果身體不能保持挺直而有各種缺點的話，你的

心自然就無法免於各種過失。

　　至於心的要領是什麼呢？當心的妄念在剎那、剎那間不斷現起、不能安住的時候，我們該如何處理呢？此時你要好好觀照：念頭生起時，念頭到底是從什麼地方生起的？而念頭消失時，又消失到哪裡去？當心中的妄想念頭不斷生起時，你必須提起心的覺知，以這個正念看著：「我所起的到底是怎樣的念頭？念頭到底是從什麼地方生起的？生起之後又消失到何處去？」你要仔細地在念頭本身做觀察，就好像你派了一個哨兵監視著念頭從何處起？至何處滅？如此一來，妄想念頭自然會愈來愈少，此後你的心便能夠稍微地安住。

　　在我們看著妄念的生起與消失的過程中，好像時時刻刻都有一個我正在看著念頭——有一個「能夠看的我」與「被看的我」二元的情境。事實上，一開始時就是這樣。什麼叫念頭？例如我們很隨意地拿起桌上的杯子喝一口水，其實當時都是有念頭夾雜在裡面的。下次當你的自心覺知要喝茶的時候，可以仔細觀察要喝茶的過程與意念：「我起了一個要喝茶的念頭，所以拿茶來喝。」這些動作的後面還有一個「我」知道「自己起了要喝茶的念頭」，然而此後這個念頭又將消失到哪裡去？當你覺知到要喝茶的念頭後，這個念頭就不會一直持續，而是會慢慢消失，但是消失到哪裡去呢？原來是消失到自己的心中。如果能常常如此觀察的話，你就越來越能夠將自心安住，這就是在禪修的過程中，從一個時時刻刻生起的微小念頭上，保持一種覺知去觀察。

所以，不論你起了任何的妄想念頭，只要當時在內心能夠安立覺知的警哨，便如同部隊裡設立了前哨站，有哨兵在守衛著，自心能夠具足警覺的正念，念頭起時知道念頭生起了，這個念頭自然就會消失，於是你便能夠安住在心的體性上。所以對初修行的人而言，不管是沒有很多妄想念頭，或者是常常有各種妄想念頭紛擾著，都沒有關係，最重要的是要像哨兵一樣，內心能時時刻刻保持正念，這是最重要的。

止息於此動靜之二相，悟其本質是空為勝觀。
於此靜動兩相空義諦，動靜一如、無別即雙運。

當心能夠安止專注於一處，沒有任何妄想念頭時，稱為「止」。但是當心的念頭紛紛擾擾、不斷現起時，雖然不是「止」，可是如果覺知的心念清清楚楚地知道一切紛擾念頭的現起，這也是「止」。所以不管是止於無念的專一，或是止於妄想念頭紛起的當下，這兩種都稱為「止」。

「止」的藏文叫「息涅」，意思是當我們的心能夠於所緣的對境上專一安住，不被各種煩惱念頭所擾動，就稱為「息涅」。所以在前面所講的兩種情境裡，不管你的心是安住於無念，或者心是擾動的，只要在動、靜這兩種情境中，心都能夠覺知、時時刻刻不間斷地專注，都叫做「止」。不論是動或是靜的對境，你都能夠安止，同時又能觀照了知動、靜兩相其實都是空

性，是沒有差別的，這時候就稱為「觀」——「勝觀」。當能夠達到不論是安止於無念的狀態，或者是念頭不斷擾動的狀態，時時刻刻皆了知不論動也好、靜也好，本質就是空性的，是無二無別的，此時便達到所謂「止、觀雙運」的情境。

為了達到「止、觀雙運」的境界，在修行的過程中，我們應該瞭解：一開始心不論是在動或是在靜之中，皆能如實安住，即稱為「止」。不論是在動或是在靜，能夠去觀照心的體性本質是空性的，這就是「觀」。當覺證到體性是空性的，進一步再持續去修持，達到不論是在動、靜的任何情境都與空性無別時，就是進入「止、觀雙運」的境界。在這個教授裡，修行的過程同樣也是按照這種次第：一開始，先讓心安止，透過止的禪修，再進一步了悟心的一切體性與空性是無別的；接著進入勝觀，再持續修持，達到時時刻刻、無論動或靜皆與空性是無別的，進而達到「止、觀雙運」。

如果在禪修中，你沒有真正生起「止、觀雙運」的能力，也就是僅僅只有「止」，雖然心能夠專一，不起任何念頭，但是其實這種沒有「觀」的「止」，仍然只是一種念頭，依舊沒有離開念頭；然而所謂的「勝觀」，則是如實了知心性的。了知心性不是故意要斷除各種念頭，但是卻會自然遠離一切妄想念頭的滋長，而實際了悟到無生的空性，這樣才稱為「觀」。

> 證悟無別爾後勤行持，時而圓圓明明於靜止，
> 妄認此即自心而竊喜，

　　如同上述所言地安住在止、觀的情境時，接著持續修持，有時候會在心的實相上圓圓明明（藏文：「美蕾幾類」）地安住，此時自己會生起一種想法：「這就是無相自心的體性。」然後內心會生起一種歡喜。為什麼會這樣呢？當你在修持「止、觀雙運」時，心自自然然地安住在心的體性上，各種妄想念頭不再干擾禪定的心念時，心裡會產生一種喜悅的感受，因而會生起「此時所覺受到的就是心性」的妄想：「我現在所看到的就是所謂大手印的心性。」

　　頌文裡，這種安住於心的實相上的覺受，中文是以「圓圓明明」來表示，藏文則用「美蕾幾類」來形容，然而這是無法用世間語言來做修飾講解的，因為這是在禪修中回到自己心的體性時所產生的覺受，那種情境很難以言語去講解，在文字上只能用「無念」，也就是各種妄念止息來敘述，至於真實的情境則要自己去體會。

　　當你離心性愈來愈近時，也就愈來愈遠離世間的文辭敘述，各種妄想念頭也會愈來愈少，因此你會使用的世間語言、世間的分別也將愈來愈少。當某一天你真正證悟大手印空性的義理時，會了解到：「其實一切是遠離語言與思惟的。」相對地，如果我們的心愈執著於外境的有為法，種種詮釋、語言、思惟就會愈來愈多。西藏的博學家與大修行者根敦群佩也這樣說：「如果愈來愈瞭解、愈來愈接近所有的世間法、有為法的實相，智者們就會愈來愈像啞巴，因為離世間的境界愈來愈遠，愈來愈沒有辦法形容。」因為愈接近事物的實相時，用世間的語言、

思惟所能表達的就愈來愈少。

這裡用到「美蕾幾類」這個詞，無法跟大家形容這是怎樣的情境，因為如果自己的內心沒有辦法安止在那種情境而生起覺受的話，縱使將這種覺受的生起講給你聽，你還是沒有辦法真正生起同樣的覺受。只要我們能夠如實地依止大手印的禪修見地和方法去修持，一定可以經歷到前面所講的各種情境和覺受。當覺受生起時，自己會有心的智慧去覺知這樣的情境，就像啞巴吃糖一樣，自己清清楚楚地知道其中的感覺，只是講不出來。

> 時而狂風掃落葉紛飛，念如脫兔覺照片片斷，
> 思非此有彼而心不喜，

禪修時，有時候心無法安住，就如同狂風一樣不斷地擾動，無論如何都不能安止，心一直處在妄想念頭紛飛之中。此時自己會起煩惱、不快樂，並且不斷地疑惑：「我這樣禪修是不對的，應該有其他的觀修法，應該是我不懂得禪修吧！」

> 妄念任顯動靜實一如，換言從何而生復何往？
> 空性無住是名真性空，

　　這個時候，應該好好看著你的妄想念頭、觀照自己的妄想念頭。不管生起任何念頭，當下知道：「哦！念頭生起了！」再進一步觀照念頭到底是從什麼地方生起的？最後又到哪裡去？就在這個念頭上做觀照——第一步，念頭生起時，認知到念頭起了。第二步，觀照念頭由哪裡生起？又奔向何處？當你這樣觀照時，將找不到念頭由何處起？往何處去？根本找不到念頭的住處，此時你將確實瞭解到：「這就是空性！」

　　當我們這樣觀照念頭的來、住、去時，如果僅知道念頭是無住的，就認為自己已經見到心性了，這也是不對的！這時候並非真正見到了心性，仍然只是在念頭的生、住、去上做覺察，還沒有到達明見自心的境地。但是透過對心的覺察能力，例如說覺察念頭的來、住、去，明瞭其實來、住、去並沒有一個真實的住處，藉由這樣的瞭解與覺照，使妄念契入空性。有些人說：「當你能夠觀照念頭的生、住、滅不可得時，就是見到自性。」但是事實上，在這樣的情境中，仍尚未達到徹見自性的境界。

> 譬若剖一綠竹善觀視，乃知一切綠竹內皆空，
> 如是了悟念慮亦性空，一與一切念慮本無別。

　　譬如我們拿起一截竹子，一刀剖開之後，看到竹子裡面是空心的，便可由一截竹子裡面是空心的事實，進而瞭解其他竹

子裡面也都是空心的。同樣地，當我們在煩惱念頭上觀照它的
生、住、滅與來、住、去時，可以知道原來念頭本來是空性的，
而所有的念頭和你現在觀照的念頭並沒有任何差別，全部都是
空性的。在禪修當中，當一個煩惱念頭生起時，你去觀照它的
來、住、去，而確實覺知其實來、住、去三項根本了不可得，
並沒有一個真實的住處，是空性的，之後由一個念頭的空性中，
你便能夠確認所有的念頭也都是這樣。但是在禪修的過程中，
因為每個人的資質、業力與過去生中的各種因緣皆不相同，所
以經歷的覺受也各異，無法一概而論。

> 動靜皆宜無有善惡分，猶如水與水波無二別，
> 動靜無別本覺自在顯。

禪修時，心可以安止，便覺得很高興；心不能安定、不斷
地擾動時，就覺得心裡不舒服，其實這是不需要的。因為動與
靜的本質是一樣的，就像水與水波，體性都是水，本質並沒有
差別。不論是動、是靜，心的體性都是如如實實一樣的，所以
不要認為靜才是好，動則不好，不要在動、靜上去做好、壞的
分別。動、靜的本質，其實就是心的本質，所以不論是在動、
在靜，就是好好地安住在本質上。如果僅是能夠坐著安住，但
是還無法真正安止在心的體性上時，有一個方法可以讓你於安
住時消融解脫在心的體性上：「首先讓心能夠安住，再進一步讓

安住本身能夠融入空性中，之後就在那樣的空性情境中確實地安住。」

接下來，當禪修能夠達到動靜一如地安住在心的實相上、看著它的體性時，要按照下面所說的來修持。

> 掉舉心野身心鬆鬆放，昏沉不明則須輕輕觀，

「心野」指的就是掉舉。掉舉的時候，心要鬆鬆放開，然後安住。有時候我們禪修時，妄想念頭會不斷地擾動、生起，在這樣的情境下，要如何對治呢？此時要讓我們的身心鬆鬆緩緩，非常地自然、輕鬆。當我們的身心能夠自然地放鬆，妄想念頭便會消融到心的體性中。但在鬆鬆緩緩之中，也要好像保持一種非常警覺的觀照心念，亦即在鬆緩之中提起正念，這樣自然就能入於心的實相。

有時候是心安住在那邊，但是一點都不清楚，昏昏沉沉的。在這種情境下，你就稍微地提起來，讓自己的身心稍微緊一點地看著心性。

當這樣對治昏沉和掉舉之後，在禪修的過程裡，開始會有以下幾種情境與經驗。

> 即於念泯悄然起動意，圓圓明明安住忽逸放，
> 念即查覺迅歸清淨處，此乃貪戀受染於安住，

　　當我們持續禪修時，妄想念頭會漸漸地愈來愈少，因此愈來愈能安止在心的體性中，這時候好像會變成一種持續的精進，很自然地就那樣警覺，而且能時時安住在心的體性上。此時雖然偶爾會有妄想念頭生起，卻能很快地、不需刻意地就回到心的安住之中，這種情形稱為「貪著於安住」。對安住產生貪著，心念自然不再出去，一出去就馬上回來，因為你已經習慣於安住，所以這種覺受稱為「貪著於安住」。

　　爾後修持此一弊病生，明明白白清楚細微察，

　　當妄念一生起，心便自然地、不斷地回到安住之中。以這樣的方式持續禪修而習慣於安住的話，會產生一種覺受：你好像少分地見到心的體性，很自然地，心會有一種清明、寬廣、不帶任何滯礙的感覺。你的身心會覺得一切都非常輕鬆自在，這是見到心性時自然會有的感受，覺得似乎是證悟的境界，其實這只是屬於一種覺受。若要從字面上來表達這種覺受，就是心的明覺看著自己心中明淨的明性部分，心的明覺真的能認出心的實相，就好像赤裸裸、直觀地證悟到心的實相一般。

　　宛若湖水不為波濤損，意念稍起無礙亦無妨。

　　禪修的情境，就如同湖面的波濤不會妨礙到湖水本身一樣，因為水和波濤本來就是一體的，所以波濤不會傷害湖水。同樣地，當我們生起妄想念頭時，也不會障礙、干擾到心的體性，因為擾動的妄念，其本質也是心的體性，兩者毫無差別。妄念生起時，妄念本身很快地就消融在心的體性中，不會對心的體性產生障礙。雖然妄念生起時不會產生障礙，但是在這個時候，這樣的禪定境界並無法一直持續，有時候可以達到這樣，有時候又會受到干擾。在這個階段裡，當各種念頭生起時，不需要再用其他對治的方法把念頭消融，因為念頭生起的當下，自然就消融在心的體性中了。例如這裡有一塊燒得非常熱的鐵塊，水一灑下去，立刻就乾掉了，不需要在灑水之後，還要拿布擦掉等各種的對治方法讓水乾掉。水一灑到熱的鐵塊上，立刻就會蒸發。禪修的過程也是如此，當妄念一起，馬上就融入心的體性當中，不需要再用任何方法讓念頭不生起。

> 或有妄生妄息諸樣病，具足身、心要領卻難入，
> 亦有未修覺照自生起，

　　有時候心裡想著要好好地禪修，也具備了身、心的要領，但是怎麼禪修都覺得很困難，無法確實地安住在心的體性上，很難契入。有時候甚至不想禪修，但是你一坐著，自然就安住在那樣的情境中。這表示自己的修行還不是很穩定，可能努力

想要做，卻無法契入；有時候一放鬆，不必刻意地去禪修，心
又能安住。

> 爾後心身輕安平等住，日常行住坐臥均無礙，
> 觀修興趣妙樂自生起。

當你持續禪修時，會覺得身體非常輕鬆自在，心也極為歡
喜。因為在禪修的過程中，心的種種妄想念頭自自然然地消融，
強烈的妄想念頭已經消失了，成為喜樂輕安的感受，這時候不
管你在行住坐臥或日常的各種行為中，心境都不會產生任何障
礙，自然會想要禪修，喜歡做禪修的喜樂心念便會產生。

> 又或於諸夢境善執持，自詡我之覺證實為真，
> 若於此生堅固貪著念，教示不執貪著觀本覺。

在這個階段，有時候在睡夢中能清楚地知道自己在做夢，
夢中的情境清晰明白，對於夢能夠確實地認知。在禪修中則會
生起種種覺受或類似證悟的經驗，認為自己已經達到一種非常
好的覺受或證悟的境界，進一步便會貪著於覺受。如果對身心
輕安、能夠持夢、自然安住在心的體性上等情境起貪著的話，
就必須知道對治的方法——要在貪著的人事物的外境上觀照貪

著的本質，而不是對覺受生起貪著的意念。

如果在禪修中產生某些覺受與證悟的境界卻不了知，因而產生貪著，或是以錯誤的方式去對治，就會產生障礙。對治障礙的方法就是讓這種覺受與證悟真正消融到心的體性中，此時，這些障礙就會跟著消融到心的體性裡。

就像這裡所說的一樣，本章全部是在次第上說明每一種覺受證悟現起時如何消除障礙的方法，這部分對修行人非常重要，大家要好好地去聽聞、領會。

## 貪著覺受之過患與對治的勝觀

> 妙樂俱顯本覺俱是空，無二無別空樂大印現，
> 貪念執著乃生欲界天。

前面所講的各種覺受現象，不管你是確實地清楚安住而沒有任何貪著，或是你起了貪著以後知道不該貪著而在心的體性上面去觀照，無論是哪一種狀況，都應該確實安住在心的體性上，此時你就會體悟到外相所顯現的輕安喜樂之覺受與心本質的空性二者其實是沒有差別的，於是你便會了解大手印空樂無別的情境。如果在禪修的過程中對種種輕安喜樂的覺受產生貪戀執著，又沒有善巧的方法去對治的話，這樣的禪修會造成你

未來投生到欲界天的因。

> 或有視此思慮為怨讎，妄認無所念知為修持，
> 此即漢地比丘宗論見。

有些人在修行時有一種錯誤的觀念，認為生起妄想念頭是很不好的，這是修行的敵人，所以要遮止、去除妄想念頭；至於斷除一切妄念，不生起任何念頭，無念地安住著，則是最好的禪修方式。事實上，這樣的修行方式還不是究竟地在心的體性上證悟大手印的禪修。當你陷入這種情境時，就像以前傳入西藏的漢地和尚的禪修方式，尚未真正了悟心性，只是一味地安住在所謂「心無雜念、妄念不生」的情境去做禪修，這是不對的。

> 一無所思唯存糊塗觀，形同枯槁終落旁生因。

如果以這種一念不生的禪修方式，整個人陷入空洞洞的情境中去修持，如同斷滅一樣，所有的念頭全部遮止而無念地安住，這是在未來會墮入畜生道的因。

某些知妄不應亦不理，諸識於心統攝任安住，
謂為寂滅當歸聲聞道。

有些人雖然禪修時也有念頭生起，但是對於妄念不加以理會，心只是一味不斷地安住在自己的內心中，這是小乘聲聞的修持方法。雖然他們在禪修中會進入妄念遮止如寂滅般，但卻是屬於小乘聲聞、緣覺的情境。一般我們講聲聞乘究竟的解脫──阿羅漢證到寂滅的時候，是對於人我兩種空性的完全了悟；這裡，我們所講的情境，並不是指已到達人我俱空的證悟情境，只是用這樣的方式禪修時，就類似小乘的修法，當妄想念頭生起時不去理會，只是一味地收攝在自己的內心中做禪修。這樣的禪修方式似乎與小乘的方式是很接近的，但並不是說已經證悟到人我皆空的境界，只是接近而已。所謂的寂滅是聲聞等究竟現證的狀態才是寂滅。

然於變異理趣無遮止，莫求遮止任運觀本覺，
如是一與一切無實有，此時遂顯空性勝義見，
誠乃無實境中無所見。

不要刻意去遮止擾動念頭的生起，將心處於安定中；也不要因為覺得這樣的止是不好的，就刻意去生起念頭。也就是說，

不要因為前面講這樣不好，就一定要在安止的狀況中故意生起念頭。如果本來就是在念頭紛擾的情境下，則不必一味地去遮止；但是如果已經安止的話，也不要刻意去生起念頭。不管念頭生起或不生起，在顯現的當下，即觀照念頭的本性，這是最重要的對治方法。

但是什麼叫觀照念頭的本性呢？就是覺知念頭的本質是空性，如實地安住在體性中。當你能夠安住在念頭體性本空的時候，其實在觀照念頭之際，就是安住在空性中，所以雖然你是在觀照念頭，其實你是無所見的。這個念頭本身並不是一個實體，雖然你在觀照念頭，其實是「見無所見」──看不到任何有實體的東西或是有為法，在這種情境下，便能如實了知地見到空性。安住在無所見的情境，就好像你面前本來就沒有任何一個有實體的東西可以看，而你就是這樣地看著，確確實實地看著那個沒有的東西。

> 勝觀亦有朦朧而片段，變異紛擾道心無從喜，
> 於此修持猶如無定向，心中狐疑困頓偶現起，

有時候在禪修中，雖然你很努力精進地讓心安止，沒有任何念頭的擾動，但是在安止時，卻好像迷迷糊糊的，一點也不清楚，並不像前面所說開闊的覺受情境，而是整個心迷迷濛濛地，但是又沒有什麼妄想念頭。有時候禪坐時，妄想念頭不斷

地紛飛，無法沉靜下來，不能真正安止念頭在心的體性上，自然就會有煩躁、不歡喜的感覺，於是便覺得這樣的禪修沒有什麼意義，因而產生疑慮，覺得自己做錯了，或是沒有把握到禪修的方法及要領。

> 身心輕緩、觀空為對治，此為無惡緣由粗鄙覺，
> 觀想己心入無垠虛空，「濁清分明」明空即現前。

當我們遇到這樣的情境時，心裡不必感到疑惑，因為這也是修行時的一種覺受，稱為「粗鄙的覺受」。這種覺受粗糙不精緻，迷迷糊糊的，或是妄想念頭不斷，卻沒有辦法去安住，只是禪修的一種過程。不要認為這種禪修的覺受是不好的，其實這正是最重要的關鍵。此時，我們必須將身心放鬆，眼光稍微向上看著虛空，觀想面前的虛空是無雲的晴空，自己的心則融入虛空中。如果自己在家裡做禪修，就稍微把眼光提高，看著眼前的虛空。這裡講到無雲的藍天，如果我們有機會擁有開闊的視野，例如在山頂上看著眼前的虛空，或是在海邊望著眼前的天際，就如同無雲的藍天，要讓心立即融入虛空中。在這樣的禪修中，心有清、濁兩種特質：心本身清的特質，以及前面所講的昏沉散亂、不清楚、妄念紛飛、無法掌握心之濁的特質。當心靈清明的體性展現時，你會有明空的覺受，就可以感受到什麼叫做明空。

> 或有明、空、覺三赤裸現，自持「證悟高」想我慢生，
> 乃發「誰皆難撼」定見生，若為我慢定見之所縛，
> 為生色界天趣之原因。

　　有時候禪修時，你可以確確實實地經歷到心的明澈、心的
覺性，以及空性，三者好像赤裸裸地展現在自己眼前，而且清
楚地覺知到心的清明、覺知、空性這三種境界。這個時候，有
人會產生一種貢高我慢心，覺得自己的證悟已經有很高的境
界，便不知不覺地傲慢起來。有時候會認為自己現在所證悟到的境
界就是這個樣子，不管誰來都無法動搖自己的心念，繼而產生
堅定的意念，對於自己所證的境界非常確定，不會再受到任何
動搖。此時能產生定見是很好的，我的根本上師曾經跟我開示：
「生起什麼樣確信的定見呢？今天我所證悟到的大手印、大圓
滿之見地就是這樣，縱使是蓮花生大士來到面前說這是不對的，
我心裡仍然沒有任何疑惑。」但是如果這樣的定見流於一種傲
慢的話，不僅無法成為究竟解脫的因，反而會成為墮生到色界
的因。

> 細觀圓明覺知乃空性，明空雙運即現大手印。

　　這兩句話總結前面那一段：在心的明、空、覺之本質顯現

時，要去觀照、確實了知明性的體性即空性，這就是明空無別的大手印見地，此時，你的內心自然會生起這就是「明空雙運」的確信。

> 或見身與心全部是空，見一切空談玄論高調，
> 譬若虛空為空無遮染，作「是非善惡無義」想。
> 不行諸善行為必粗鄙，昏沉空見墮落惡趣因，
> 有以此為「空性之惡現」。

有時候在禪修之中，確切地經驗到我們的身與心確實是空性的，之後也感受到外在的一切法、一切現象都是空性的，因而覺悟到一切的本體都是空性，此時反而喜歡高談闊論，到處跟人家講：「一切法都是空性。」然後又說：「這個空性如同虛空一樣，不會受到任何東西所遮蔽、污染，我們心的體性——空性也是這樣子，任何是非善惡等等都是空性的，都沒有意義。」在這種情境下，我們見一切法皆是空，認為善業的體性是空，惡業的體性也是空，所以便妄下斷言說：「善業可以產生什麼樣的利益？惡業會產生什麼樣的障礙？這些根本沒有意義，它們的本質都是空性的！」因而對一切行為顯得毫不在乎，反正好的行為、壞的行為已經都是空性的，所以行為變得很粗鄙，認為根本不必行什麼善業，因為一切都是空性的。如果生起「因果本身是不真實的、是空性的，因果的道理根本毫無意義」的

錯誤斷見，便是墮入三惡道的因。

> 復次雖見一切法皆空，猶守本覺慎因果取捨。

　　雖說一切諸法都是空性的，但是我們必須在空性的本體上確實地加以守護，同時對一切因果努力做取捨；也就是說，要努力從事善業，並且努力斷除惡業，這才是正確的修行方法。蓮花生大士曾經說：「縱使有非常高遠的見地，如同虛空一樣，但是你的『行』同樣要非常謹慎。」意思是說，雖然你的見地境界非常高，但修行的一切行徑也要非常謹慎，連很微小的地方都要如實地去受持，也就是對業報因果等等要非常微細地去受持遵守，不要像前面所講的，見到空性以後，便認為一切是無因果的，以致行為變得非常粗鄙，不再注重善與惡了。

> 是乃彼等覺受之次第，若能恆時安住少退失，
> 不住於一如虛空幻化，

　　前面所說的各種修行覺受次第，有的經過的時間很長，有的經過的時間很短，時間的長短並不一定，就像虛空的幻化一般。

> 如是妄念雖然未曾減，妄念雖多無害於修持，
> 猶如雨降湖泊顯修為，

　　縱使在禪修中，妄念沒有愈來愈少，但是不管有多少念頭生起，對於禪修及自己的心性都是沒有障礙的。就像不管降下多少雨，對湖水而言也是毫無障礙的。雨下得愈多，湖泊只是累積愈多的水源而已。同樣地，對瑜伽行者而言，縱使妄想念頭沒有愈來愈少，但是在妄想念頭生起愈多之際，反而對空性更有覺證。所以，妄想念頭的生起，只是不斷地融入於空性、解脫於心性，更加增長對空性的認知，因此妄念對禪修是沒有障礙的。

> 如是生圓無須交替輪，修持不離空性之旨要。
> 自觀本尊大悲觀世音，觀如彩虹現於虛空境，
> 六字明咒輕誦唯己聞，三要無漏行持為善巧。

　　當你修持到這個層次，並不需要交替練習生起次第與圓滿次第的修持。以前一開始修行時，我們好好地觀想生起次第或是持誦咒語等等，最後都是安住到圓滿次第中，所以，生起次第和圓滿次第好像是分開的。但是，當你禪修到這種境界時，心就可以安住，而生起次第與圓滿次第是時時刻刻融合為一的，

並不是分開的。所以講「生圓無須交替輪」，也就是不必交替著
去修持。為什麼呢？因為你的修持時時刻刻都不離空性的要旨，
都是跟空性融合的。

　　至於實際的修持方式是：觀想自己就是大悲觀世音菩薩，
如同彩虹，像虛空的境相一樣。之後觀想六字大明咒輪，輕聲
地唸誦六字大明咒，稱為「生起次第」。但是在這樣的生起次第
當下，自己的內心則是時時刻刻安住在心的體性中。「三要無漏
行持為善巧」中的「三要無漏」，指的是：自身觀想生起次第本
尊的身相，語持誦本尊的咒語，心則如實地安住在心性空明的
體性中，這三者是完全融合的，如此即是三要完全具足的修持
方式。

> 行持之時無有諸困難，念力稍動即入修持境，
> 於此稱作「善守護修持」。

　　到了這個境界，你在修持時會覺得好像沒有什麼困難，不
必刻意怎麼做，只需稍稍地提起覺知，當下就能進入修行的境
界中。此時看起來雖然像沒有在修持，但是各種覺受自自然然
地便會相繼生起，這就稱為「善守護修持」。你的心裡會跟修行
非常相應，心便能時時刻刻地如法修持。

> 復次細觀大地器世界，一切皆如輕煙與薄霧，
> 各自顯明本質俱是空。

當修行到這樣的境界和層次時，看到外在的山河大地、器世間時，你會感覺到這些外境好像夏天的輕煙與濛濛的薄霧一樣，根本沒有真實性。此時，雖然你看到一切境相非常清楚地顯現著，但是當下這些都沒有真實性。這個時候，你看到一切的境相，同時也見到了外境的本質就是空性。

> 心與虛空無二亦無別，思惟虛空遍處心亦遍，
> 諸法唯心、心乃無實體，思為「一無所有」空義諦，

此時你會體會到心和虛空是融合的、是無別的，所以虛空遍一切處，自己的心也遍一切處，你會如實地體悟到所有的一切都只是心，但心的體性卻也是空性的，因此你會起一種覺知，認為一切都是空性，就是心而已。

> 「非有」亦無成實物微塵，雖為「非有」諸相因緣立，
> 思惟非有、非無俱是一，

　　若說心是有的，卻也不是這樣。為什麼不是有呢？如果有的話，為什麼連一點點如同微塵的實物都沒有呢？心根本看不到！心再細微，也沒有如微塵一樣的實法，所以心不是有，因為它連最微細的實質都沒有。但你說心沒有，卻又不是沒有，因為所有輪迴的各種幻相、外境都是這樣顯現出來的。所以你又進一步思惟：「兩者都對，也都不對。」

> 設若執此厚實之邊見，則入「無色界天之四邊」。
> 若於諸法不執持定見，「無執」任顯直觀其本性，

　　對於內心所生起的認知，不要落入任何的執著中。當你落入執著時，就成為「邊見」，這種「邊見」會落入無色界的四種禪定，因而落入無色界天的境相之中。所以，最重要的是在這個過程，不要對任何想法、看法起執著，一樣觀照在念頭的本質、心的體性——空性上，而不要執著在「邊見」上。

> 爾後觀者所觀無二別，所觀、能觀、所修、能修無，
> 是此、是彼皆無似凡夫，

　　之後就會感覺到在這樣的修行中，能修的、能見的自己，跟我們所觀修的心性好像整個融合在一體，此時沒有所謂在觀

照的人與被觀修的東西。怎麼修?如何修才對?如何修不對?好像這些觀念和想法完全沒有了,全都融合在一體,此時,你的外表看起來就像一個普通的人,好像沒有在禪修。

> 時或從於安住平凡中,一切行事作為皆止盡,
> 往昔樂明清淨分別無,

有時候就像凡夫一樣,什麼事情也不做,覺得一切事情都不用再說了,亦即所謂「諸論皆盡」的感覺──所有事情就是這樣子,不用再做了,都已經做完了。以前心裡充滿樂、明等等清楚的覺受,此刻好像都沒有了,各種的分別都沒有了。

> 或謂少聽聞故修持失,「不復當年」沮喪難思量。

在這個情境下,對一些平常較少聽聞開示、教授的人而言,心裡會這樣想:「是否我的修行已經退轉?已經漏失掉?為什麼我不能像以前一樣有各種很好的覺受?還是我已經忘失修行的方法,沒有掌握到修行的要領?」內心便很難過。

> 貪著大者以為無須修,於此凡境則謂見本覺,
> 平凡心識赤裸證悟也,

　　另外一種內心具有比較強烈貪著的人，在這種情境下，會認為自己已經達到修行裡無修的境界：「我已經不用再修持了，我已經見到心的體性了。」此時，你並不是真正地證悟，但也不是無所證，事實上，那已是少分見到心的體性之現象，所以像剛剛講的：「從現在起，一切就像凡夫一樣，所以事情已經結束了，不用再做任何事情了。」你會有認為自己類似凡夫的想法，這是一種見到自己體性的覺受，並不是沒有見到體性；但是也不能說已經完全證悟到體性，還沒有到達那個境界。

## 保持正念精進行持

> 確認一切諸法為自心，心為空性離言詮思惟，
> 立為平凡安住無造作，

　　因為心的體性、本性是空性的，所以在禪修時，自己會體認到：「輪迴、涅槃中的一切法，沒有一個是離開空性的，也沒有一個法是離開自心的。除了自心之外，再也沒有其他。」我們在大手印的禪修過程裡，首先在教理、義理的開示部分，上師告訴你：「一切的外境都是心，一切的境相就是心。」這是在做義理的引介。現在實際修持之後，連你也產生同樣的覺受，於是自己便會生起這樣的確認：「所有一切的法就是自心。」修

行到這個地步時，內心的各種執著已經放下，對一切外在世間的種種作業自然也會全部放下。而且不管在任何情境下，心便能自然離於造作地自在安住，其他所修與能修等任何作為都沒有了。

> 無有作業、偶或散亂時，不見本覺、誤失成平凡，
>
> 知散逸時心悔正念持，若不持念即成凡夫相，
>
> 稍起正念修持立即顯，此時正念反覆誠祈請。

有時候你能自然地放下一切的作業、妄念，安住在毫無造作之心的體性上，但有時候還是沒有辦法安住，心散亂在種種紛亂的外境上，這是因為自己心的體性尚未顯現，所以無法覺知、見到心的體性，因而顯現出如同世俗凡夫的感受。在禪修的觀境中，有時內心會散亂於外境，生起妄想、念頭，但自己又沒有覺知到心已經散亂了，於是就在那種散亂中安住，有時候這樣的情境也會持續一段時間。如果你沒有覺察到散亂，就安住在那樣的情境中，看起來好像是在安住，其實心是散亂的。在這種情境下，不論安住多久，都應該生起覺知的心，也就是要先知道我已經散亂了。當覺知到已經散亂了，內心應該生起種種懺悔的心：「我為什麼會散亂呢？」然後立刻回到心的體性中，這是非常重要的。如果無法對自己的散亂生起認知，而長期安住在散亂的定中，是非常不好的，就像一個凡夫一樣。所

以必須在還沒有辦法認知散亂時，就不斷地提醒自己能夠立即生起這樣的覺知。

這段期間，最重要的是時時刻刻、清清楚楚地提起自己在禪修中所覺知的心念，去覺察現在是如實地安住在禪修上？或者心是散亂的？此時覺知非常重要。不僅在這個時候，即使是對初修行的人而言，心裡時時刻刻都要提起正念，不管是在禪修或是做任何事情，隨時保持一種清楚的覺知是非常重要的。

我過去曾依止滇津尼瑪上師，他是一位大手印禪修證悟非常高的上師。他在禪修時，自己一個人關在一間房子裡，整個門都封死了，只剩下窗戶，三餐必須透過窗戶才能送進去。如果弟子要請教佛法的話，就透過這扇窗，上師則在裡面回答問題。大概在一九九幾年時，這位上師已經快八十歲了，我去依止他，接受了一些大手印的開示和教法。那時候，滇津尼瑪上師一直強調：「對修行人而言，正念和我們心的體性是沒有分別的，都一樣重要。因為對初學者而言，如果不能保持正念覺知，禪修時，根本不知道自己是不是如實了悟到心性？是不是確實安住在心的體性上？所以，如果你有這樣的正念，每當妄想、念頭一生起，馬上就能察覺到，知道在禪修上要用什麼修行方法來對治這樣的情境，要如何安住在禪修上。對修行人而言，這種正念是非常重要的。」

這是在說，不僅達到極高的境界時，保持正念覺知很重要，即使對初學者而言，正念覺知同樣相當重要。大部分對心性的開示和教授中，所談到的都是關於心的體性和心的本質這方面

的內容，正念覺知的部分反而比較少談到；但在實際的修持上，自己在覺受生起的過程中，正念覺知是非常重要的。雖然有人會認為正念覺知本身也是一種念頭或妄念，但是在清心的禪修中，有時你具足了這樣的正念覺知，反而能夠如實地安住在心的體性上，所以這樣的正念覺知並沒有妄念的危險，也沒有妄念的壞處，而是能夠讓你在修行時安住在正確的禪修中。所以對初學者而言，應該是時時刻刻不離正念覺知地安住在心的體性中，以這樣的方式守護自己的修行，讓禪修能夠愈來愈持續。

當我們聽聞這樣的開示時，內心也許會產生疑惑：「我們在大手印的禪修中，應該是安住在心的體性、空明的境界中。既然心的體性是空明的，是離一切妄念的，我們卻還要用一個心的本質也是屬於念頭之一的正念覺知去安住在所謂心的空明上，這到底是怎麼回事？」我們會覺得這好像是兩個互相違背的東西，但這是修行過程中的一種經驗。當安住在心的體性上時，心之明空本身即具足了清楚的覺知，稱為「不離念知」。也可以說，正念覺知在修行時，就像警戒的哨兵一樣，可以預防猛獸侵擾。

當我們在說明的時候，有時候會把它變成二元化，認為這是在安立一個所謂正念覺知的哨兵，看顧著自己的心在做禪修，所以好像又變成兩個東西：有一個外在的正念覺知，他在看著自己的心，這樣一來該怎麼做禪修呢？從語言和文字來說時，好像是愈講愈遠，但是當你真正在禪修時，這並不是兩樣東西，而是不分離的，所以我們講「不離念知」—— 要不離念知地安住

在心的體性上，意思是：在禪修中，當你確實安住時，只要一不能安住，馬上知道自己已經散亂了，而正念覺知就起來了，並不是另外又有一個正念覺知在外面看，所以是一體的，這是非常重要的一點。此時，正念覺知不屬於妄念。千萬不要把正念覺知歸類為妄念，而想加以除掉。所以在禪定中，我們說「安住在心的體性上，或守護在心的體性上」，指的就是「不離念知地安住在心的體性上」。

用另外一個比喻來說明，也許大家比較容易瞭解。就像晚上睡覺時，因為明天早上有一件重要的事情，所以心裡就想：「明天要早一點起來。」之後你躺下去睡覺，雖然睡覺時不會一直想：「我要早一點起來。」但在你還沒睡著之前，心裡就已經提醒自己：「明天早上要早一點起來。」你會發現睡覺時，雖然沒有持續思索這件事，但是也許睡到半夜，就會醒過來看一看現在幾點鐘了，過一下子又醒過來看一看已經幾點了，就是類似這樣的情形——雖然你在睡覺，但自己的警覺心會不斷地起作用。一開始你有「要早一點起來」的念頭，雖然睡覺時沒有一直在想，但是念頭本身就具有那個力量。當你睡著後，會不斷地提醒自己要早一點起來，最後變成三點醒來一次，四點醒來一次，五點又醒來一次，這就是念頭的作用。同樣地，在禪修中，正念覺知也是這樣。當你有這樣的正念覺知時，在禪修中，只要散亂的念頭一生起，便能立即覺察到，馬上就能回到禪修中安住。以剛剛的比喻來說，在睡前起「要早一點起來」的意念，縱使你已經在沉睡中，並沒有一直想著這個念頭，但

是念頭本身還是具提醒你明天要早一點起床的力量。同樣地，當心性安住在心的空性中，當你具有這種正念覺知時，就能時時刻刻覺照到自己是不是確實安住在心的空性中。這是用一個大家都經歷過的比喻來講解正念覺知，讓大家對正念覺知更加瞭解。

> 如是「反覆細觀」明分增，

當你不斷地提起清楚的正念時，自然地，心就不會受到妄念的擾動，也就不會障礙到禪修，心的明性將愈來愈增大，修持的時間也會較持久。

> 時而寂靜處專一修持，時而「融合諸行」並觀修，

有時候你需要到一個清淨、人煙稀少、安靜的地方好好做禪修，遠離種種會令你紛擾、散亂的地方。遠離各種紛亂的地方是指禪修的外境而言，要遠離紛擾的、容易干擾我們的地方，而選擇比較寂靜、沒有人煙的地方去做禪修。但有時候反而要回到比較吵雜的環境，以便能訓練自己的心一邊做清淨的禪修，一邊練習跟外在紛擾的世間融合在一起。例如當我們在跟別人講話時，心也能夠確實安住在心的體性中。以此類推，在日常

生活的行、住、坐、臥等一切行徑中，都是這樣子。

這樣的修持有什麼好處呢？利益是：一方面可以讓自己的修行見地愈來愈進步、愈來愈提升；另一方面則讓自己的修行愈來愈穩固、愈來愈紮實。這樣的修持能夠將外在的世界，以及生活上的行、住、坐、臥等種種混亂的生活情境融合到禪修中；同時，行、住、坐、臥的各種煩惱妄念則會融入心的空性，進而轉化成智慧。所以，這種禪修方式能讓各種煩惱、妄想、念頭，藉著禪修的轉化而變成智慧。初學者難免會碰到外境比較混亂的情境，如果不這樣修持，只是一味地居住在寂靜處，遠離外境的紛擾去做禪修，看起來好像心能夠安住，沒有任何擾動，但是如果已經習慣在寂靜處修持，一旦碰到外境比較混亂、干擾比較多時，心就會覺得很困擾，因為你無法面對和處理這樣的情境。

前面講過，禪修中會有各種覺受，如果沒有好好加以了知，反而會變成修行的障礙。當碰到這些修行障礙時，要怎麼對治呢？總歸來講，所有的對治方法有一個最重要的要領：「遇到任何覺受、障礙現起時，心要放得鬆鬆緩緩的，要輕鬆自在，並用前面所講的各種方法加以對治。」如果不是這樣，反而將心繃得緊緊的，讓妄想、念頭一直生起，這是不可以的！一定要把念頭去掉，安住在心的體性中，融入到心性的空性中。如果心一直繃得緊緊的，就很難真正地融入，反而會產生種種的懊惱與不安。

如果生起前面所講的各種覺受和狀態，另外一個重要的要

領是：「內心不要起任何的歡喜，也不要起任何的恐懼、憂惱；不要期盼一定要生起怎樣的覺受，也不要排斥這些覺受，因為這樣做是不好的。」要遠離「我不要讓它生起」、「期盼」或「恐懼」的心，這是非常重要的。任何的覺受、現象生起時，要讓心自自然然地、毫無造作地安住。當心自然放下時，所有的境相就會自然解脫，並消融在心的體性中。

　　一般我們意識上所瞭解的，就像我們聽聞種種教法所知道的，這些都只是「知」，也就是「分別的知」。之後經過實際的修行，才會產生各種的經驗與覺受。從你知道到內心進一步生起覺受，跟真正的證悟還是不同的，因為證悟是超越知，並且超越瞭解和覺受的。

　　要真正證悟心的體性，義理上的瞭解絕對需要。因為在修行時，不能捨棄義理的部分；也就是說，完全不瞭解義理而去修持是無法獲得證悟的。雖然必須經由了知義理再去修持，但在修持的過程中，卻要超越了知。譬如經由開示，我們知道什麼是空性？什麼是空性的義理？之後在禪修時，你把這種經由聞、思而知的空性道理運用在禪修中，同樣以意識的分別不斷地思惟：「這就是空性。」就這樣安住在空性裡。其實所謂的安住在空性中，只是知覺上所起的空性的相，和諸法體性真實的空性是不一樣的。所以，如實地契入空性，只是當心的覺知或心的明性確實生起時，當下就是契入空性中，而不是用意識、知解、分別去安住。一旦你真的能在禪修中確實安住並契入心的體性、了知空性時，之前經由聽聞、思惟、學習、了知而來

227

對空性的知見等等，自然就會完全契入、消融到禪修時的確認中。

這裡有一個比喻：「我們意識的認知就像衣服上的補丁。衣服穿久了會破，破了就要補，但這些補丁很容易就掉了。」這是形容意識所建立的知解、了知，就像破舊衣服上面的補丁，很容易就壞滅、消失。也就是說，在修行的過程裡，我們由意識分別所建立的見地或了知，必須慢慢放下來。如果你把這種意識分別所建立的見地抓得緊緊的，反而很難契入心性的禪修中。

所以修行的過程，首先是經由聽聞，瞭解義理，之後建立見地，再進一步實際去修持。第二步是當覺受生起時，你的見地不能隨著覺受而轉變，這是不正確的。例如，禪修時會生起樂、明、無念的覺受，如果貪執於覺受，就會變成禪修上的錯誤，有修行上的危險。

一般來講，不管好、壞，各種覺受的生起有助於真正契入證悟的境界。但是覺受只是修行中的一個過程和某些經驗，並不是真正證悟的見地，就像雲霧一樣，極容易消散，沒有真實性可言，所以並不是那麼重要。由聞知上的了知所建立的見地，必須予以放下並超越，而由修行所產生的覺受和經驗也是要放下的。真正需要的是能夠契入心的體性，如實地安住於心的體性之證悟力量。這樣的證悟如同虛空，不會受到任何的動搖。為什麼呢？因為聞知所建立的見地和究竟證悟的境界不同，它只是一個念頭而已。至於經由修行所產生的覺受，也只是中間

的過程，並不是真正的空性，跟實際的證悟仍然是不同的兩回事，所以這些覺受也是要放下並超越的。真正需要的是證悟到心的體性後的實際證悟與確信的見地，那才是真正究竟的證悟與見地，也才是在修行上所要確立的。

> 此後一切顯密成就誠，教典一閱即與心相印。
> 大精進者「夢境」一再持，若小精進「持夢」數稀少。

這個時候，不論我們閱讀佛陀所說的經典或密續，或是過去成就者們所做的種種開示，馬上就能瞭解其中所要闡釋的真實義理。同樣地，自己修行過程中的各種覺受和經驗，也能得到印證，內心能確實地明瞭。這時如果你非常精進，是個大精進者，便能夠常常在夢裡知夢（在夢中知道你在做夢），而且在夢境裡也能夠持夢。如果精進心比較小的話，偶爾能夠持夢，但不是那麼頻繁。

> 外在一切情器之世界，所顯諸相無雜而明晰，
> 本質如冰消融入於水，心與空性如水乳交融。

這時你會體會到，雖然外在所有情器世間（包括一切世間及有情眾生）的顯相都非常清楚，每個都不一樣，但是你確實

了知它們的體性是相同的，心體與空性是無別的，就像冰塊融入水裡一樣，本質是完全無二無別的，這稱爲「相空無二」，也就是外相和自心無二無別。這時候便能確實了知一切境相都是自己心的力量所展現的，於是就可以入水中、入火中，和水火相融，不會受到任何障礙，非常自在。

> 修持爲心、不修亦是心，心者自始無實即空性。
> 修或不修、散逸不散逸，無別證悟自始空性義。

這時候，你時時刻刻都能確實安住在自心的體性中，不管是不是在禪修中，都能安住在心的體性，了知自心的體性從無始以來就是這樣，本質就是空性，因此修跟無修都是相同的。當修行已經進入很高的證悟境界時，不論修或無修，散亂或沒有散亂，你時時刻刻都安住在心的體性上，所以已經沒有修或無修、散亂或無散亂的區別了，因爲從頭到尾都安住在心體空性中。

> 諸佛之心、六道有情心，本體自始無別爲空性，
> 輪涅無別聖見之至理。

此時便了悟一切諸佛的心以及六道有情眾生的心，自古以

來，本質上是無二無別的，是空性的體性，而且也確實了知輪迴與涅槃是無二無別的。

> 研經讀續上師之教示，非僅聽聞而於自心續，
> 由內生起現前之證悟，

到了這個情境，當你研讀經續，乃至聽聞上師的教導時，將不再像以前一樣，僅從字義上去思索、了知，而能發自內心眞正現前地證悟。對於輪迴與涅槃無別的見地，在我們現在的境界中，還很難眞正去覺知、證悟。但是如同前面所講的，你在空性的修持上，首先經由義理的了知，進一步在修行上生起覺受，最後契入眞正的證悟，這樣一步一步地修持，我們終將能夠確實了悟輪涅無別與空性的究竟義理。

透過這樣的修行過程與經驗，自然地，內心各種煩惱念頭會愈來愈少。縱使目前我們沒有辦法也沒有能力實際現證大手印的境界，但是在學習、修行的過程中，經由聽聞而生起正確的了知，這種知解的力量便能使內心現存的各種我執與煩惱心的影響力愈來愈小。例如自己以前的我執非常強烈，甚至會干擾到生活的各個層面，但是當你知道大手印的禪修義理後，強烈的我執對自心的影響力將會愈來愈薄弱。

但是在大手印的禪修中，非常重要的就是我們必須具足對上師、三寶虔誠的信心。在上師、三寶的慈悲加持、護祐下，

再加上我們的虔誠祈請與因緣和合，依止大手印修持的見地而精進努力，一定能夠生起真實的證悟。所以有時候從修行的過程來看，我們會認為真正證悟大手印心的體性之空性境界是非常困難的，但從另一個角度來看，空性現前顯現出來則是沒有任何疑問的。

綜合言之，修行之道是：首先經過正確聽聞佛法而了知義理，進一步實際地精進修持，並從修持中經歷各種經驗、覺受，再超越了知、覺受，並且不斷地獲得福慧資糧，懺悔自心的種種惡業，這樣的修行方法就能真正實際證悟大手印的見地。最後，自己便證悟到一切萬法如同夢中的境相一樣是無實的，因而確實現前證悟心的體性。

> 達於此境僅獲證悟名，勿思己之證悟為高妙。

當生起這樣輪涅無別的證悟時，可以稱為現前證悟大手印或大圓滿的見地。但是這時候千萬不可生起「自己的證悟已經很高了」的想法。一直到你究竟證悟到佛的解脫智慧、究竟之證悟境界顯現以前，都要不斷地精進修持。

# 三輪清淨迴向

> 以利他心說「覺受證量」，若洩密意懺罪於師前。
> 此乃過去從來不曾聞，若欲明辨請參諸經續。

以上所講的這些，都是惹扎阿瑟（恰美）仁波切所說的，他說：「這是我在修行的過程中所生起的覺受與證悟經驗，希望對未來的修行者、弟子們能有所幫助。因為這樣的緣故，所以我把這些覺受、經驗詳實地向你們敘述。因為講到許多修行上甚深的見地，以及修行中產生各種覺受與證悟的情形，這些都是極為深奧機密的，如果這樣做有所謂洩漏秘密，違背本尊、空行的心意的話，我就在上師、本尊面前懺悔。以上所講的都是過去從來沒有聽聞過的，各位如果想要更清楚地明辨我所講的這些話，也可以進一步參照閱讀各種經續、儀軌與教典。」

> 如是有漏、無漏諸善業，譬若馬口以彎駕馭般，
> 「三輪清淨」迴向須精勤。

不管是有漏的、無漏的善業，都要以三輪清淨的方式來迴向，這是非常重要的。就好像駕馭一匹馬時，必須在馬嘴套上馬彎一般。套上馬彎後，不論你往哪邊拉，這匹馬都會跟著你，

隨便你自在地去操縱。這也像開車一樣，只要有方向盤，你要
怎麼走，車子都會跟著你行動。同樣地，我們的善業往所迴向
的那一方面對過去，善業的果就會往那一方面成熟，因此迴向
是很重要的。我們在修行過程中所累積的有漏、無漏善業，都
要以清淨的三輪體空的方式來廣為迴向。

「三輪清淨」諸論誠眾多，此修持中因由迴向力，

　　三輪清淨的迴向，在很多論典中都有廣泛的說明，但是無
論如何，在這個大手印、大圓滿的修持中，就是能確實安住在
心的體性中去做迴向，這就是三輪體空、三輪清淨的迴向。要
怎樣迴向呢？安住在心的體性上，再迴向往生阿彌陀佛的極樂
淨土，這就是最重要的一個迴向。

易於往生、功德大而廣，則應發願往生極樂土，
斷除能不能往生諸疑，決定得生為彌陀大願。

　　阿彌陀佛的極樂淨土是很容易往生的，而且具有很大的利
益，因此我們自身以及一切有情眾生都應該迴向往生極樂淨土。
要往生阿彌陀佛的極樂淨土，首先必須斷除內心的疑慮：「我到
底能不能往生阿彌陀佛的極樂淨土呢？」你必須深信阿彌陀佛

的發願——你一定能夠往生阿彌陀佛的極樂淨土。如果內心有
疑惑，第一個結果就是你真的不能往生淨土，第二個情況是縱
使你往生到阿彌陀佛的淨土，也會有很長的時間不能見到阿彌
陀佛的身相，這就是心生疑慮的過失。因此，內心一定要生起
堅定的信念，不要有任何疑惑。只要在這一生中確實地去修行，
好好地積聚修行的福德和智慧資糧，就一定可以往生淨土，千
萬不要有任何疑惑。阿彌陀佛的慈悲與願力是很有力量的。

> 一旦得知入中陰遊蕩，決定欲往生於彼淨土，
> 此刻應即懇切殷祈求，中陰之時念起無間至。
> 第六覺受生起的方法與除障礙歌完畢。

　　只要我們在此生發起這樣一個大願——臨終往生阿彌陀佛
的極樂淨土，並且在這一生中好好地修行，努力積聚修行的福
慧資糧，一旦臨命終時，中陰的種種境相現前，當下便會知道：
「喔！已經到了臨命終的時候，已經進入死亡中有、中陰的狀
態了。」此時，自己很清楚地認知已經進入中有的狀態，心裡
就想起：「我要往生極樂淨土！」於是立刻就往生極樂淨土。這
就好像我們心裡時常想著要到某個地方去玩，有時在夢中也會
夢見自己到那個地方走了一趟。同樣地，我們平常具有那種力
量和習氣，而憶念的習氣與力量相當強烈，連在夢中都會顯現，
更何況在修行中也是這樣！所以，我們應該一方面在大手印的

禪修中確實地去修持，不斷地發起菩提心，在禪修上努力；另一方面也應該懇切地發願：「發願在臨終的時候，能往生阿彌陀佛的極樂淨土，能當下花開見佛。」同時以這兩個方向去修持，臨命終時必定能夠往生極樂淨土。那時，你也可以請示阿彌陀佛：「我在禪修中所生起的覺受，到底對還是不對？當時上師所講的、翻譯所翻的，到底有沒有錯誤？」我的意思是說，到時候你見到阿彌陀佛，想要請示什麼就請示什麼，可以直接溝通，不用像現在還要透過翻譯，真的就是這樣子。

不僅發願往生阿彌陀佛的極樂淨土對自己是很殊勝的，對於未來要究竟利益一切有情眾生而言，也是個非常好的方法。

不過像這樣修持而證悟大手印的人，並不一定要依賴於往生極樂淨土，也是有人在這一生就修證成佛。但是我們的修持能不能到達那種境界，就要看個人了。雖然在法上是有一生成佛的口訣教授，不過能不能真正修持成就，就因人而異了。所以，如果我們在這一生中不能達到很高的證悟或成佛的話，應該各自發願往生西方極樂淨土。由於我們是大乘的修行者，因此也要發起希望在輪迴中受著痛苦的一切眾生，也都能往生淨土的祈願。

我們不能因為阿彌陀佛極樂淨土太容易往生，就認為那不是一個境界很高的淨土，這是完全錯誤的思惟。就好像一個地方很容易到達，我們就說那不是一個令人歡喜的好地方，將這兩者連貫起來是不對的。例如搭乘飛機很快就可以到國外去，但不能因為太容易到達，就說國外不是一個好玩的地方，這種

思惟是錯誤的。

　　阿彌陀佛的極樂淨土，在釋迦牟尼佛所講解的相關彌陀經典裡都有廣泛的開示，也提到阿彌陀佛淨土的不可思議及莊嚴。在那個淨土中，眾生遠離一切煩惱痛苦、無惡道之名，同時眾生心中所需求的一切欲樂、願望等等，都能立即成辦。所以我們不能夠說：「因為阿彌陀佛淨土太容易往生，所以不是一個很殊勝的淨土。」這是不對的。為什麼呢？因為阿彌陀佛淨土之所以容易往生，是因為阿彌陀佛過去在修行時所發的無量悲願的緣故，能讓我們很容易地往生淨土，而不是因為那是一個很容易到達的地方，所以就不殊勝了，這是有差別的。

# 7.

# 發揮效用之歌

## 觀想與持咒的方法

這部分內容是談如何進一步不斷地增上生起次第與圓滿次第的修持方法。

> 上師、己心本體無分別，法界空性境中皆一如，
> 覺行圓滿上師阿彌陀，觀於頂嚴懇切來祈請。
> 大加持力證悟綿且密，是故勤修上師相應法。

上師與我們心的本具體性、空性（或稱法界）是無二無別的。由心的體性和空性本具之大慈大悲力量顯現出慈悲的化身，這就是上師的身相——上師阿彌陀佛的身相。我們觀想是上師和一切三寶、三根本之總集的阿彌陀佛在自己的頭頂上，內心非常虔誠、懇切地祈求上師的慈悲加持。由於上師無比的慈悲

加持力融入我們自身的緣故，讓我們前面的止觀禪修不斷地增長。

上師對我們的加持力能不能融入我們自身，最重要的關鍵在於我們是不是真正具有信心。如果弟子沒有虔誠的信心，雖然上師和三寶具足無比的慈悲加持力，還是無法融入弟子的身心之中。曾經有一次弟子祈請阿底峽尊者說：「上師，請您慈悲地加持我們這些弟子啊！」阿底峽尊者就對弟子說：「弟了啊！請你拿出真切的信心來吧！」這句話的意思是：如果要真正得到上師的加持，首先自己要具足虔誠的信心，所以阿底峽尊者這樣答覆他的弟子。

特別是像大手印、大圓滿這類見地甚深的修持，需要經由積聚資糧以及發起虔誠的信心，共同圓滿地去修持。為什麼呢？因為如果沒有虔誠的信心，上師的加持力將無法融入自身；同樣地，如果沒有積聚資糧，也沒有善的因緣可以接受甚深教法。所以，如果能夠具足圓滿的資糧和虔誠的信心，再經由上師慈悲的加持，證悟大手印、大圓滿也就不會有太大困難了。

一開始，要有因緣能接受大手印、大圓滿心性的指示與教授，這需要依止於我們具足圓滿資糧的積聚，以及對上師虔誠的信心。上師給予加持，我們才能得到這樣的教法。同樣地，在修行的過程中，要讓我們修行的經驗與程度能夠不斷地提升、增長，也必須依止對上師的虔誠信心，讓上師的慈悲加持力融入自身才能成辦。所以，我們內心要常常觀想頂上的上師阿彌陀佛，確實去修持上師相應法，這是非常重要的。因此，為了

要讓我們修行不斷增上的緣故，第一個要點是勤修上師相應法。

> 了悟本尊誠為自心顯，自身本尊大悲觀世音，
> 明空無別觀中誦六字，乃得色身種子之緣起，
> 亦是生圓雙運密教示。

　　什麼叫做本尊？本尊是諸佛菩薩為利益有情眾生而顯現出的色身身相。本尊的顯現跟我們自心體性的空性，本質上是無別的，並不是在心的體性空性之外還有一個本尊存在。所以，雖然我們了悟本尊即是自心空性的顯現，但是在修行的過程中，我們必須不斷地觀想自身就是觀世音菩薩。在生起次第的過程中，觀修本尊的要領是什麼呢？我們要觀想本尊的身形是非常清楚的，而本尊的形相則是空無實質的。由於相本身就是空性的，而空性本身也有這樣一個現象，所以是相空無別。因此，觀想本尊並不是像唐卡上所畫的或照片上的佛像身相，不是把祂看成是實體的、真實的；如果這樣觀想，是沒有辦法觀成的。觀想時，本尊的身相以及身上的各種莊嚴配飾、慈悲形相，都必須觀得非常清楚。雖然觀想時每一部分都要觀想得很清楚，但是祂的本質和空性卻又是融合無別的。如果我們無法確實地以明空無別的要領來觀想本尊，就失去對治的意義，也就無法以觀修本尊來對治根深柢固的我執，或是執著一切為實的垢染。所以，觀修本尊的生起次第具有極大的利益，其中最重要的是

可以淨除我們自身的各種無明、煩惱等等。

如此觀想自身就是觀世音菩薩之後，接著持誦六字大明咒。藉著觀想自身就是本尊的生起次第過程，以及觀修之後安住在心的體性上之圓滿次第的過程，能讓我們修行的境界不斷地增上。不僅如此，這樣的修持也是我們能夠究竟圓滿成就佛身果報的緣起和原因，所以藉著這個方式，將我們現在垢染、不清淨的身、心，經由生起次第中之觀修本尊，以及本尊的圓滿次第去成就清淨的佛身，這就是金剛乘裡藉由生、圓雙運的教法來修持的不共方法。

## 自他交換法

> 六道有情雖無有自性，不悟而遊輪迴有情上，
> 盡己無窮慈心與大悲，六道有情一切罪與苦，
> 隨息吸進全皆入己身，觀想一切有情皆離苦。

一切有情眾生都是沒有自性的，本來就是空性，但是由於迷惑、無明的緣故，所以虛幻地顯現出六道不同的情境，而在六道中遭受各種痛苦。其實六道輪迴等等現象都不是真實的，只是由於無明的緣故，並且受到業力的牽引，所以有各種六道虛幻的景象出現。如果我們未曾修持佛法，或是雖然修持了能

夠解脫的教法，但是還沒眞正得到解脫的證悟，就還是不斷地在無盡的輪迴中承受著無窮盡的六道痛苦，無法超脫。

這裡要強調的是，雖然你很認眞的修持，但是如果沒有眞正得到究竟解脫的話，仍然是在輪迴中受苦。因此，我們應該眞摯地從內心生起懇切的願望，祈願一切有情眾生都能從痛苦中出離，也都能得到究竟的喜樂果位。究竟的喜樂果位包括：眞實不變的喜樂、得到究竟喜樂的方法、喜樂的原因，以及願一切有情眾生都能從內心生起這種眞切的悲願。我們緣於一切有情眾生的苦，要從內心眞切地生起「願一切眾生都能獲得喜樂」的心，就叫做「慈心」；「願一切眾生都能離苦」的心，就叫做「悲心」。因爲出於內心無比的慈憫與悲心，便觀想我們呼吸時，當氣息吸進來，一切有情眾生所造作的惡業、痛苦都隨著這個氣息融入我們自身，於是一切眾生都遠離了痛苦。

> 自身所具眾福德、善根，與息一同外呼入眾生，
> 觀諸眾生獲無盡安樂，

前面是觀想一切有情眾生的罪業和痛苦都隨著氣息融入我們自身，讓一切眾生遠離苦厄。進一步再觀想當氣息呼出去時，我們自身所具有的一切善業、福德與善根，以及由眞誠的發心而來的安樂果報等，與自己的氣息一起向外排出，融入到受著痛苦、尚在輪迴流轉的眾生身中，自己的福報和善根等一切都

融入於受著無餘痛苦的眾生，這時他們得到善業的布施，內心生起無量喜樂，要做這樣的觀想。

> 成佛法中無則不成者，自他換觀為深法心要。

這樣出自於慈悲心的自他交換修持法門，是佛法中沒則技窮、缺則根本無法獲得佛陀果位的方法。要究竟證得佛陀果位的話，沒有慈悲心是無法成就的，所以這種自他交換法門的修持，是真實證悟佛陀果位的因。

不僅是證悟究竟佛陀的果位時，需要有這樣的慈悲心與菩提心來修持自他交換法，甚至在我們一般世間暫時的果位上也是如此。經由發慈悲心與菩提心而行自他交換的修持，也能成就世俗上的利益。如果我們觀察一個人，就能夠很容易地理解。例如有一個人心裡想：「該怎樣成為一個很好的人呢？」或者想：「要怎樣成為一個很壞的人呢？」當他有不同的想法時，接下來就會有不同的作為，這是我們可以瞭解的。

同樣地，我們也可以去觀察，在這一生中，有些人心裡想的是：「我自己怎樣都沒有關係，也不重要，只要能幫助別人就好。」因為他有這樣的心念，所以開展出來的人生所具有的種種功德與德行，都是我們可以看到的。所以，從這樣的觀察中可以瞭解到，能夠具足慈悲心、菩提心而行持自他交換法，不僅對此生各方面有很大的幫助，同時在修行解脫上也是很重要

的。因此，苦樂自他交換的修持法在所有心性的提升、累積資糧、除障與修持等教法中，具有非常深奧而精要的訣竅。

## 大圓滿修持法

> 早晨、黃昏太陽光明下，露水睞眼所見之虹光，
> 明點、明塵六字本尊現，其與所修心體融合觀，

在大圓滿裡任運自成的修持法門「托嘎」中，當我們確實地修持後，能夠使得「托嘎」的相，也就是本尊清淨的虹光身相、六字和心的實相，這些智慧的自相現前覺證，並由我們的根門實際地覺知到。這也就是我們本具之智慧所顯現出來的自相，亦即心的體性自相的實際顯現。這個時候的心是現前覺證的心，不只是伺察意而已；所證得的智慧是自心本具的實相智慧，和一般經由修行、學習等等而來的智慧有所差別，這一點我們必須知道。所以這裡講到大圓滿裡任運自成「托嘎」的修行法要，以及大手印中心的體性的修持法「噶當」，兩者需要融合雙運地來修持。

> 明空雙運報身淨土現，見地不只留於伺察意，
> 現前可見大圓滿深要。
> 第七發揮效用歌完畢。

「明空雙運」指的就是所有一切「明」，即外顯的明相，都是本具智慧的自相；「空」即是心的實相、體性，而外顯的明相和空性是雙運無別的，在這當下就能見到報身圓滿的境界。然後在這樣的境界中是如實的現證，不是只有心的伺察意或觀想，而是自己當下現前地看見心的明與空，這是大圓滿不共的甚深法要。

第七章的標題「發揮效用之歌」的意思就是：如果想要讓修行更增長，以上所講的就是一個深妙的要訣，按照這樣的方式去行持，修行就可以增上。

在此生的修持已經說完，下面要說死亡的修持。

# 8.

# 死途之歌

## 為死亡作準備

第八章要講的是，當我們依循前面所開示的修行方法在此生努力修持後，最終面臨死亡時的觀修方式。

> 耶瑪霍
> 稀有哉
> 依上師與行正法之義，乃為死時需有善巧法，
> 否則敵至心如何鬆閑？

我們在這一生中依止上師來聽聞教法，再進一步實際去修持，都是為了一旦面臨死亡時，內心不會恐懼，因為心中已有了確定的目標——去什麼淨土應該要做什麼準備。我們的內心要能真正生起堅定的確信，也能夠清楚地知道：應該怎麼修行？

臨死時要求生到什麼淨土？這是非常重要的。如果在這一生中不能依止、受持各種教法，精勤地修行，一旦臨終時，你沒有作任何準備，突然之間就碰到死亡的境界，內心將會如臨大敵般地非常恐慌，不知道該如何面對死亡，手足無措。如果沒有事先作好準備，有如敵人出現時，我們會感到害怕、恐懼，此時完全沒有辦法讓自己免於受到傷害。為了避免將來臨終時遇到各種困難和痛苦，所以平常就要有所準備。

　　關於這一點，我曾經有遇到過這樣的情況：有一個老人，生前並沒有真正地修行，不瞭解佛法，也沒有積聚很多的善業資糧，甚至造了不少惡業。當他臨命終時，有個因緣請我去幫他修頗瓦法。因為我到的時候他還沒有往生，所以我就先修誦其他的法。當時這個老人非常恐慌，本來他的想法是：「死就死嘛！死亡也不是什麼大事，死了以後什麼也沒有了！」一般人的想法都是這樣子。但是當他真正面臨死亡時，因為生前沒有學習佛法，也沒有修行，不知道死了之後會碰到什麼情形，便不斷地因為惶恐而發問：「死亡的情境是什麼？」「中陰的各種境象是什麼？」過了一會兒，他已經完全無法開口說話了。這時，他用不同的聲音吼叫著，現出極大的痛苦和恐懼，就像他已經身處地獄、看見地獄一般，身邊的人看了都非常不安，彷彿也感受到地獄的恐懼一樣。這位老人在沒有任何準備的情境下面臨死亡，內心的恐懼、痛苦與不安，就類似上文中所講的：「如果沒有準備好的話，就會如同面臨大敵。」一定會有這樣的心境。

　　相反地，也有很多生前認真修行的人，當他面臨死亡時，心境非常安詳、歡喜，這兩種心境是截然不同的。這種人在生前因為畏懼死亡，所以逐步修持佛法，因為一生中精進勤修的緣故，內心已經完全準備好了，所以當他面臨死亡時，死亡對他來講根本沒有什麼好恐懼的，因為他已經完全作好準備了。有時候他甚至會跟身邊的人說：「死亡並不是值得恐懼的事情，我只是從這個房子換到另一個房子而已。」對他而言，心是非常安詳、寧靜的。這樣的修行人，我也看過很多。

　　也許你們聽了我這樣講，心裡會覺得奇怪：我怎麼會經歷過這麼多關於人們死亡的各種現象？是不是人家死的時候我跑去看，還是怎麼樣？我十三歲就出家了，身為一個出家人，在西藏來講，家中有人死亡，一定會邀請法師為亡者修法，所以我看過並經歷過很多人們面臨死亡的情境，因此有很多這類經驗。

### 「死期不定」恆常存心中，

　　我們現在就要早早為死亡作準備。「我何時會死？我只要在死亡的時刻作好準備就可以了。」這樣的想法是不可靠的。我們應該時常想著這一生是無常的，什麼時候要死並不確定，時時提醒自己：「死亡隨時會來，要趕快做好準備！」

　　我曾經說過一個故事：在西藏，有個人和鬼結交成為好朋

友。這個鬼有一些鬼通，知道哪邊發生什麼事情、什麼人會在什麼時候死亡。有一天，這個人問鬼：「既然你具有鬼通，知道人的壽命，那麼哪天我要死的時候，你要事先告訴我。」鬼就回答：「好！好！好！」幾年後的某一天，鬼跟這個人說：「某地有個人也要死了！」這個人聽了並不覺得怎麼樣，只是想：「喔！哪邊有個人要死了！」就這樣而已。過了一陣子，鬼又告訴他：「某天有個人要死了！」那個人聽了也沒什麼感覺。過了一段時間，這個人生了重病，鬼朋友來看他，這個人問說：「我什麼時候要死？」鬼回答：「你現在就要死了。」這個人很生氣地說：「你這樣算是什麼好朋友！我不是跟你說過要事先通知我什麼時候是我的死期，好讓我預先作準備？為什麼你現在才告訴我？」鬼說：「我之前就告訴你什麼地方有個人要死，但是你並不覺得怎麼樣。之後我也告訴你什麼時間有個人要死，你也是毫無感覺啊！」從這個故事所引申出來的就是，當你看到有人死亡時，就是在提醒自己——自己的死期也將近了。

> 貪著無分大小貪則縛，俱生而有骨肉須捨時，
> 應無貪戀親眷、財帛心，

當我們臨命終時，對於周遭所擁有的財富、受用等，不論貪執的大小如何，對我們的解脫都會造成障礙，讓我們遭受各種痛苦。很多的偈頌中都有這樣的開示：面對死亡的時候，因

爲貪著某種自己執著的東西，使我們墮生到畜牲道，例如老虎、獅子、毒蛇等凶猛的動物，或者餓鬼道。過去已有許多這類的記載告知後人，所以臨終時，要把所有貪著的心都放下，並瞭解到：我們從出生以來就具有的這個血肉之身，臨終時都必須放下了，更何況是外在的、不屬於我們的親戚眷屬、朋友、財富及所有世間的受用等等！所以，我們絕不能對這些起任何的貪執。

> 親族、好友、財帛及己身，誠心供養上師及三寶。
> 既獻供已觀其爲無主，誰取？誰主？掛心無意義。

臨終時，內心對於所有的親戚、眷屬、財富、受用，還有我們的身體，都要放下一切貪著，將這些誠摯地供養給上師與三寶。當你這樣供養後，要確實瞭解這些東西已經供養出去了，已經不是我的了，以後不管親戚、眷屬如何取用你的財富與你所擁有的東西，不管這些東西現在變成誰的，你的內心都不應該再有任何的執著與罣礙，因爲這些東西已經不再是你的了，都已經供獻給上師與三寶。至於他們要怎麼使用是他們的事情，自己內心不要再有執著，也不可生起瞋恨心。

# 於臨終中陰身解脫——觀修頗瓦法

接下來要講如何觀修非常容易修持、利益廣大、能夠迅速得到解脫的法門——頗瓦法。

> 自身觀為本尊大悲身，其頂上師、三寶總集者，
> 怙主阿彌陀佛並祈請。「唅」字一一封八處孔穴，
> 身中中脈如長直竹箭，心間自心為一白「啥」字，
> 上升融入阿彌陀心中，如是觀修廿一或百次。

「頗瓦」的觀想方法是：首先觀想自己是大悲觀世音菩薩的身形，如同前面我們做本尊觀想時，觀想自己是四臂觀音一樣。再觀想自身的頭頂上有代表十方所有諸佛、菩薩、上師總集所顯現出的阿彌陀佛身形，並安坐在自己的頭頂上，內心虔誠地祈請阿彌陀佛慈悲加持，藉著「頗瓦法」的修持，接引我們往生到西方極樂淨土。接著觀想身體有八個孔道，是投生到其他六道的出處，這八個孔道分別有「唅」字遮住，最後再觀想自己的身體中央有中脈，如同箭一樣長而挺直，而中脈在心間的位置有一個種子字「啥」。觀想「啥」字代表我們的自心及氣息兩者融合無別，這樣專注地關注在「啥」字上，然後在唸「呸」的時候，觀想「啥」字上升，融入阿彌陀佛的心間。這是臨終時的觀想方法。

當觀想自己身體的八個孔穴被「唅」字封閉時，由於我

251

們還沒有死亡，所以在做「頗瓦」練習時，清楚觀想心中中脈的「啥」字後，可以分別觀想「啥」字化現另外的「啥」字，一一封住將來投生六道的出口。當我們臨命終時，死亡的疼痛與苦楚會大到讓我們無法好好觀想，所以現在我們修持時，就要觀想清楚。如同這裡所講的，身體的八個孔道全部由「啥」字封住，好好地專注在中脈裡心間的「啥」字上，觀想心氣結合在一起，然後再觀想「啥」字上升到阿彌陀佛心中。在臨終的時候可以如此觀修。

由於我們還沒有面臨死亡，所以平常修持時，每一座可以觀修二十一次或一百次。在「頗瓦」的徵兆還沒有產生之前，要按照這樣的方式天天修持。一旦真正面臨死亡時，最重要的就是依止「頗瓦」修持的要領，儘可能清楚地觀想，確實地做「頗瓦法」，這個時候則沒有次數的限制，到生起覺受之前都要持續地做下去。

> 此後心中任何亦不思，圓圓明明安住自心體，

當你這樣做了之後，內心不要再有任何思慮，不要再起任何念頭，應該自然地、清明地安住在自心的體性上。

> 明、增、得之融序任現起，無須一一各自認分明，
> 自心已無故無可生起，任顯於其體性上觀照。

　　將來死亡的時候，外在的一切境相會消失，融入到內在的識當中，之後自己的內在境相會消失，進入到更微細的心與明點。這種消融過程的次第很複雜，從地、水、火、風的消融到紅、白菩提的消融等等情況。

　　關於「明」、「增」、「得」等消融的程序，在我講授的《西藏生死導引書》中，尤其是中陰部分，有非常詳細的解說，現在先概略地講述。

　　「明」、「增」、「得」這三種消融次第，第一種稱為「明」，指的就是外在粗的境相消融的過程。「增」和「得」指的是內心裡境相消融的過程，有粗、細之分：內心粗的境相消融的過程，稱為「增」；進一步細的現象即為「得」，這是比「增」更加微細的境相。這些境相會一個次第、一個次第地消融。

　　「無須一一各自認分明」的意思是，我們還活著的時候，透過修持，要逐一去瞭解中陰的地、水、火、風消融的次第是什麼樣的情況，紅、白明點的融序與基體的實相等等，如果能清楚地瞭解這些現象，是很有利益的。但是當你在面臨死亡時，就不必再一個一個去認知到底已經到了「明」融入「增」、「增」融入「得」等程序中的哪個階段。這時候，最重要的是：瞭解不論各種融序如何現起，所出現的任何境相都是自心的體性，與空性無別；不論融序的顯境如何顯現，都要觀看那所顯現的境的體性，在現起的當下，就安住在所現起的境相的體性——空性上，這是最好的對治法。

> 外息已斷、內息猶尚存，體之明光若無雲虛空，
> 妙境現前安住此境裡，長久安住是為持印心。

剛剛粗的外相已經消融入心，現在第二部分則是心的煩惱境相開始消融，然後再融入到更微細的境相裡。此時，外在的氣息已經斷了，但是內在的氣息還沒有斷。當內在氣息尚未斷絕，而心裡粗相的煩惱念頭消融到微細的部分時，心的微細境相就會顯現，本自具足的心的光明體性也會顯現，其境相就如同無雲的晴空一樣。但是對於一個沒有修行的凡夫來說，他無法認知這個過程，就如同陷入昏迷中，不醒人事，一點知覺都沒有。然而，對一個有修行的人而言，當心體本具的智慧光明現前時，如同無雲晴空一般，他可以確實了知，並安住在當下。

此時，這個心性本具的光明，一般稱為「根本光明」或「母光明」。而安住在「母光明」之中何以能認知呢？這是因為生前修行的過程中，經由禪修，覺受到心體光明的體性是這樣子。修持時的光明，稱為「修行光明」或「子光明」，當「修行光明」和「根本光明」融合在一起時，在此境界中能夠安住多久就安住多久，這段時間稱為「凸當」。一個成就者死亡後安住於定境中就是「凸當」，稱為得到法身的解脫。至於安住在「凸當」的情境時，外在的現象是什麼樣子呢？

> 膚色相好、眼稍露為瑞，口似微笑即為其兆徵。

　　在「凸當」的過程中，也就是在死亡的禪定中，和一般凡夫死亡時的現象是不一樣的。成就者死亡時，膚色很好，眼睛好像有光澤，兩個鼻孔並不會塌陷，而是如同活著的時候，嘴巴則帶著微笑，和一般人死掉的相貌不同。所以在這樣的禪定中，縱使夏天天氣很熱時，身體不會有腐壞的現象，也不會有惡臭或滋生蟲子等情形。就像達賴喇嘛的一位上師死亡後，處在這樣的定境中二十一天，在這二十一天裡，身體完全沒有惡臭、腐爛生蟲等一般人死亡的現象。不僅天熱時是這樣，冬天很冷的時候，身體也不會乾硬龜裂，就如同活著時一樣。

> 雙足跏趺獅子睡臥等，至親、好友萬勿作更動，
> 於義死生二者並無別。設若不識此境或驚慌，
> 即於此時觀修「頗瓦法」，識神由梵穴出利益大，

　　如果臨命終時能如實地安住在禪定中，不論是金剛跏趺坐或是獅子臥的姿式都可以，最重要的是，在這個過程裡能確實安住在「凸當」的情境中。如果無法認知並安住在定境中，最好的方法就是觀修「頗瓦法」，觀想自己的意識由頂門梵穴上升解脫，這是具有極大利益的修持法門。

> 與法身頗瓦印心同義，二者無違此亦深妙要。

　　所謂「法身的頗瓦」，就是剛剛所講的，面臨死亡時，心的光明顯現之際，能夠認知並安住其中，因此「法身的頗瓦」與「死亡的禪定」，義理是一樣的。這個情境出現於六種中陰裡的臨終中陰，在剛要進入死亡的時候，也就是「法身頗瓦」解脫的時候。

## 於法性中陰身解脫

> 爾後若仍流轉於中有，境界任顯善觀其本體，
> 除心所迷空性妄境外，更無寂忿諸尊及閻主。

　　如果這個時候不能觀修頗瓦法，讓心識向上遷移，也不能認出心的實相，在「法身頗瓦」的過程中得到解脫的話，進一步就會進入法性中陰的階段。此時會有各種寂靜本尊、忿怒本尊身相、聲音和光明等境相現起，其中最重要的要領是，如實地認知法性中陰所顯現的一切寂忿本尊，其實皆不離自心，都是自心智慧的顯現，和空性無二無別。在心的空性之外，再也沒有寂靜、忿怒本尊的身相，所以一切境相的顯現和心性是無二無別的。若能當下如此了知，並安住在心的空性中，就能得到法性中陰的解脫，這也稱為「報身的解脫」。如果在法性中陰的過程中仍然無法如實地認知而得到解脫，進一步就會在投胎

中陰裡流轉。在這個階段有兩種途徑：一個是向上解脫到佛的清淨淨土，另外一個則是再次於六道中受生。

> 其後臨將投生之時至，輪迴從無始來以迄今，
> 投生六道似輪替牧人，生、老、病、死路險而難行，
> 是故輪迴極苦惱、恐怖，

如果在法性中陰中無法明瞭覺知而得到解脫，就會再一次流轉到六道輪迴中。在這個過程裡，我們需要求生阿彌陀佛淨土，對治的方法是：我們內心因為無始劫來在輪迴中不斷流轉，有時沉淪到惡道中，有時流轉到人、天善道，而在這些過程中承受著生、老、病、死等各種痛苦，也對這些痛苦有甚深的感受，因此真切地思惟六道的痛苦，生起懇求出離的心。

> 三塗惡趣劇苦難思量，人天無免死生於輪轉。

不僅是三惡道的眾生受著無法思量的痛苦，即使在三善道，雖然有時候能享受到各種快樂，但是這些快樂也不是究竟的，而是會變異的，甚至這些快樂用盡時，反而會遭遇到無比的痛苦。因此我們應該思量：「無論是善道或惡道，整個六道輪迴的本質即是痛苦。」繼而從內心生起真正對苦的畏懼及想出離痛

苦的信念。

> 今往離一切苦安樂處，西方極樂世界淨土中，
> 阿彌陀處聽聞正法要，心作此想捨貪著而去。

　　內心要思惟：「西方極樂淨土是眞正遠離一切痛苦的極樂淨土，所以我們臨命終時一定要往生到西方極樂淨土中。」此時，內心應該斷除各種煩惱、執著，並且專注地祈求，生起「一定要往生極樂淨土」的堅定意念。

> 無需如現今以足行走，亦不必似鳥展翼飛翔，
> 意生身念起即無間至，

　　此時，解脫的方式是什麼呢？怎樣才能往生西方極樂淨土？死亡時，往生西方極樂淨土並不需要像活著的時候用走的，也不必像鳥一般拍著翅膀飛過去，因爲在中陰時已經沒有現在的身形，而是所謂的「意生身」，只要一動往生極樂淨土的意念，即刻就能往生西方極樂淨土。

> 生彼恆時樂且無苦惱，六道有情利樂亦可得，
> 登地之後化身行利他。
> 第八死途歌完畢。
> 大悲觀音妙明教示圓滿。一切吉祥如意！

往生到極樂淨土是怎樣的情形呢？往生到極樂淨上後，就能享受究竟的喜樂，遠離一切痛苦，而且立即能夠成辦利益眾生的廣大事業。同時在極樂淨土，經由持續不斷地修持，最後能夠圓滿五道十地的修行而達到最後究竟的證悟，也能夠化身於十方去利益一切有情眾生。也就是說，投生到極樂淨土之後，能夠使自己得到安樂，使證悟逐漸提升，並且能夠成辦廣大的利他事業，其利益是不可思議的。

以上是第八章「死途之歌」。

有關於大手印、大圓滿雙運修持心要的開示，以上整個圓滿講完。

這個教授是我費盡苦心並且在信心堅定之下才獲得的口訣，這些口訣是學問與成就都達到很高境地且不可思議的大手印成就上師──堪布噶瑪策定仁波切所傳授的。

我將上師的口訣傳給大家，內心感到戒慎恐懼；但是從另一方面來說，由於上師的恩德非常大，當他知道有這個機緣能夠將從上師處學得的珍貴教法、口訣傳授給大家時，心裡也覺

得非常歡喜。我向上師請法時，上師差不多快七十九歲了，當時上師因為生病的緣故，身體很虛弱，但是他卻非常慈悲地傳述此法要，讓我獲得了這個教法，因此今天我才能在這裡教授各位。這位上師堪布噶瑪策定仁波切真的是一位通達佛法、如實得到成就，而且具足智慧、善巧的上師啊！

我希望大家研讀了這個教法之後，不要僅僅只是研讀，更要確實地在修行上好好用功。我也祈願如同這個教授所講的各種覺受、經驗等等，大家能如實地生起。我對大家有信心，相信各位一定能夠做得到。

## 第 4 篇

《大悲觀世音教授　大手印、大圓滿
雙運修持所需修誦儀軌～究竟解脫之勝
道》儀軌講解

慈囊仁波切與印度智慧林佛學院所教導的喇嘛合影

> 頂禮並皈依：上師、三寶無別的大悲觀世音，祈請加持自
> 心。

　　一開始我們先頂禮、皈依與上師、三寶無二無別的大悲觀
世音菩薩，祈求祂加持我們的心續。

　　接著進入修誦儀軌的部分。

　　這一份大悲觀世音教授——修持次第的儀軌，可以分成三
部分：前行、正行與結行。首先是前行的誦文。

# *1.*

# 前行

## 一、轉心四法以淨心續

### 觀暇滿難得

具足順緣能成究竟樂　此暇滿身得獲極艱難
獲此難得具義易壞時　暇滿具義於此恆精勤

### 觀壽命無常

外器世間無常變異壞　世間有情生命壽無常
有為諸法剎那剎那滅　一切無常於心應確信

### 觀業報因果

一切諸法由因緣而起　故由黑白善惡之業因
無欺之果痛苦快樂生　深信因果精勤於取捨

### 觀輪迴痛苦

> 三塗惡趣痛苦極難忍　　天人喜樂無常變異劇
> 輪迴此處即是痛苦獄　　如是知矣應修解脫道

這個儀軌的前行中,首先是以四種轉心的思惟來清淨內心,然後是不共的前行。這四種轉心的思惟,我們在前面已經做了許多的講解,大家應該清楚了,所以接下來說明不共前行的部分。

# 二、不共內前行

### 清楚觀想皈依供養境

> 自身頂輪蓮花月輪上　　根本傳承上師及三寶
> 總攝為一觀為阿彌陀　　尊身紅色相好為莊嚴
> 一面二臂持缽結定印　　著三法衣金剛跏趺坐
> 尊前我等無餘有情眾　　虔信慈悲皈依及發心
> 淨障積資之行精進持

在不共前行的修持中,首先我們應清楚地觀想皈依境,然後以意識來做皈依,以身體來做禮拜,以口來誦皈依文,也就

是運用三門一起做皈依。在皈依之前，我們先觀想面前的虛空中，有總集了無餘的上師、三寶之阿彌陀佛。

## 道之基：皈依

| 豁 | 種種業相迷惑之自相 | 無間輪迴三界有情眾 |
| --- | --- | --- |
| | 三苦輪迴能令平息者 | 無欺皈境聖眾我皈依 |

一般說來，在四種轉心的思惟階段裡，就會開示到皈依，但是禮拜的部分則包含在四不共前行法之中。這樣做的理由之一是如同剛才所提到的：要以身、口、意三者一起行皈依──口誦皈依文、心具信心地向三寶皈依、身體做禮拜，這是禮拜包含在不共前行中的原因之一。

在身的禮拜方面，現在我們的身、口、意三門都被業所障蔽著，爲了淨除身、口、意三門的遮障，所以要用身做禮拜，口誦皈依文，心做皈依。

禮拜是身的善業之一，是依於心的動機而成就的，之所以能成爲強大的善業，原因主要是由於心中的信心與對三寶虔敬的力量而來。如果我們沒有具足信心和虔敬，身的禮拜的善業就不會這麼廣大。如果一個對三寶完全沒有虔敬和信心的人來做禮拜的話，所產生的業不見得就是善業。因此，在做禮拜時，若身、口、意三者能在具備信心、相信與虔敬的情況下，禮拜就會成爲眞正的善業和安樂。因此，禮拜時不要只是在算次數，

要身、口、意三門都能夠好好地做禮拜。

再者，重要的是，我們不論成就任何善業，都是爲了要成就一個能夠對治自己心續上所有的罪業、不善、惡業、障蔽、煩惱與我執等等的對治法，也就是將身、口、意的善業運用到自己的心續上做修持，進而減除我們的不善業、煩惱與我執等等。如果我們能夠眞正如法地這樣做，這些善業就能夠利益自己的心續，眞正地成爲罪業、煩惱、我執等的對治法。

我大約十四歲的時候做了很多次的大禮拜，當時我有一位夥伴，跟我大概是同年齡，也在做大禮拜，並且要記數到十萬遍。他說要做到十萬遍有點困難，所以要跟我比賽。那時候是夏天，我們在草地上做大禮拜時，地上會有拜過的痕跡，如果每一次我們都在同一個地方拜的話，拜過的痕跡就會愈來愈明顯，別人看到便會稱讚我們拜得很好。也因爲這樣的緣故，當時的大禮拜就變成一種向人誇耀、增長我慢的法。現在回想起來，覺得當時眞是很可笑！那樣做大禮拜，並無法成爲眞正的善業。雖然我們兩個人都禮了十萬拜，但是現在想起來，那時候眞是愚蠢！現在我們要有所警惕，切忌變成那樣，因此，我們在做任何善業時，要眞的能夠對自己的心續產生利益，這一點非常重要。

在做大禮拜時，首先將雙手合十放在頭頂上，然後合十放在喉部，再來合十放在心間，之後頭、手、足往下拜下去。我們將雙手合十於頭頂時，是將自己的身向三寶禮敬，合十於喉部時是語向三寶禮敬，於心間是心向三寶禮敬，藉著這樣的方

式來淨除自己身、口、意的障礙。也就是為了表示以三門來對
皈依境——向三寶禮敬，將我們的雙手合十，放在頭頂、喉部
與心間。頭、手、足全身向下觸地禮拜時，是以全部的身、口、
意衷心地、具足信心和勝解地向三寶來禮拜。一般說來，大禮
拜能淨除身、口、意的障礙，尤其是淨除身的障礙。

　　在身的大禮拜方面，身體要直立再向下彎下去等等很多動
作，這時身上不清淨的氣、脈等會被淨除，使得清淨的氣、脈
適度地留在身體裡，讓氣變得均勻、脈變得正直等等。有一些
業障病，用醫藥治不好，但是在做大禮拜之後就痊癒了，那些
病症主要也是由身體的障礙、煩惱等所造成的。如果能淨除留
存在自己心續中的身、口、意業障，三寶身、語、意的加持自
然能夠進入我們的心中。

　　我們在做大禮拜之前，首先觀想面前的虛空中，有總集無
餘的上師、三寶之阿彌陀佛；禮拜的時候，觀想我與無量眾生
一起在禮拜，口中一起唸誦皈依文，心中生起這樣的想法：為
了一切眾生皆能離苦得樂，暫時上脫離惡道的痛苦，究竟上獲
得解脫和佛陀的果位而向三寶皈依。我們必須好好瞭解皈依文
的文義，然後口中唸誦皈依文，內心具足信心且堅定相信地皈
依，身體則虔敬地禮拜，一定要這樣做。

## 道之勝要：發心

> 頌　　恆時或暫痛苦大海中　　沉淪眾生為發無量悲
> 　　　為度彼等我依無上之　　殊勝要道恆常精進修

做完大禮拜之後，如果沒有什麼時間，就只唸誦發心文的部分，接下來就不必修獻曼達和懺悔業障這部分，直接跳到觀修上師相應法當中接受上師灌頂加持的部分，然後唸誦最後的圓滿迴向祈願文，這樣子修也是可以的。

## 積聚順緣資糧：獻曼達

### §1.曼達祈請文

> 己身善根財富諸受用　　須彌四洲稀有諸珍寶
> 真實獻供意緣所化現　　以意緣取供養彌陀佛
> 為利我故慈悲而納受

現在講解獻曼達。一般說來，所謂獻曼達，是一種極為殊勝積聚福德資糧的方法。這個方法的主要部分是曼達中所獻的東西，這些東西是我們觀想的所依，因此需要用很乾淨的曼達盤，而曼達盤中能夠準備到什麼樣的材料就盡量準備，例如各

種珍寶、乾淨的朵瑪以及藥材等等。放入曼達盤中的材料必須清洗乾淨，灑上藏紅花水，然後晾乾。獻曼達是為了積聚自己的福德資糧，因此必須用乾淨的、美好的材料來做供養，例如用五穀做的朵瑪而不要用有點腐壞的材料來做朵瑪，要盡量用好的、新鮮的來獻供。

至於用珍寶之類的東西來做獻曼達的材料，並不是因為佛陀、三寶們需要珍寶的緣故，而是為了讓自己能夠積聚福德資糧才這麼做的。佛陀、三寶們已經證得了輪涅平等的境界，絲毫沒有對於好的材料貪著、對於不好的材料厭惡等等的不平等心，對祂們來說，那些物品全部都是清淨的、乾淨的，根本不會認為這些是不清淨、骯髒的東西。之前我們說過，佛陀在舌方面的功德是「於劣味覺妙味」，也就是對於不好的味道，在佛陀的感受上也會變成是勝妙的美味。對這樣一位聖者而言，沒有任何味道是不好的。

這裡說到了自己的身體、受用與善根，其他還有四洲、須彌山等等，總之，不論是實際的物品，或是我們意所化現出來的東西，有主物或無主物等等一切的物品，皆以虔誠的信心取過來之後，用這些來獻上曼達。

## §2. 曼達供養文

| | |
|---|---|
| 大地遍塗香水花錦簇 | 須彌四大部洲日月嚴 |
| 緣想諸佛淨土而獻供 | 普願眾生受用清淨土 |

　　前面我們先唸誦獻曼達的祈請文，然後再開始獻曼達。獻曼達時要唸誦這四句供養文，邊唸誦邊做獻曼達。

　　獻曼達時的手勢是，前面三根手指頭在裡面握著曼達盤，如果不方便的話，用四根手指在內握住曼達盤也可以。在供獻之前，要先用藏紅花水灑在曼達盤上，藉以清淨曼達盤。然後手上拿一點米，用三根手指頭握住曼達盤，將米放到曼達盤上，然後用手腕去擦拭曼達盤。擦拭時，內心要觀想眾生的一切障礙、不善業、煩惱等全部予以淨除。先向右旋擦拭後，再向左旋擦拭。然後再觀想自己的壽命、祈願、財富、福德與三寶心中的成就都聚集在一起，融入到自己的身心。

　　在曼達盤中間放下手上所握的米時，這撮米代表世界的最中心——須彌山。為什麼放米代表須彌山呢？因為這代表將須彌山上所有的珍寶等物品都供獻給三寶。之後是東勝身洲，在東方的所有珍寶等物品也都供獻給三寶。再來是南方，之後是西方，最後是北方。曼達盤的正前面是東方，向右旋依次是南方，再來是西方，然後是北方。之後在東北方放一撮米代表太陽，然後在其對角的西南方放一撮米代表月亮。

　　這樣做代表將自己的身體、受用、外在器世間與內在的有情，總之，就是將四洲、須彌山、日、月等所有物品，用虔誠的信心取過來，向自己所觀想的前面虛空中上師、三寶所總集的阿彌陀佛獻供。如果能夠以自己的信心與誠心來觀想，跟實際上用四洲、須彌山等所有物品供獻給上師、三寶是沒有任何差別的。因為我們用觀想來供獻三寶，與用實際的物品來供獻，

都是為了積聚自己的福德資糧而請佛、菩薩慈悲加持，這樣做是為了累積自己的福德資糧，而不是為了佛、菩薩，因為對佛、菩薩而言，祂們是不需要這些供物的。

這樣供養完成一次後，將全部的供品用手腕擦拭掉。一般是右手持著唸珠，在唸誦短的獻曼達文時，就按照剛剛的方式觀想，同時手跟著做一次，然後把米擦掉；之後再唸誦一次，同時手再做一次。

過去的修行人、成就者在做獻曼達時，常常把手上的皮肉都磨破了，右手磨破了再換左手做。大家做的時候，如果不小心也會變成這樣。就像宗喀巴大師，他就是按照這個修行次第做的。他用石頭做曼達盤，在那塊石頭的曼達盤上做供養，做得手都磨破了，後來甚至把曼達盤也磨破掉了。

縱使你無法圓滿四十萬遍的四加行，至少在獻曼達這個部分，可以利用一段時間去做，好好地觀想，好好地獻曼達，這對自己的修行和累積資糧有很大的幫助。單僅做一次曼達的供養，就能夠累積無數資糧。

如果一開始你對誦文的涵義還不是很瞭解，可以用中文唸，讓自己對獻曼達的涵義更加清楚。前面的皈依大禮拜也是一樣，等到你都很清楚時，再好好地用藏文來唸誦。

到了晚上修完法時，就用這個布把曼達盤和獻供的物品包起來，第二天要再修時再打開。供曼達的材料可以持續使用，並不是用過了就要全部丟掉。布稍微大一點，但沒有一定要多大，目的是不要讓米散得到處都是。有的人會做兩條帶子綁在

脖子上，就像圍兜兜那樣，讓它可以固定，否則做一做布會滑掉。

法會時，我們會結獻曼達的手印，代表的就是曼達盤，中間是須彌山，然後是東、南、西、北四大部洲。平常外出不方便帶曼達盤時，就結手印做觀想；如果在自己家裡修法，能夠有曼達盤是最好的。

### 懺悔違緣惡業

自他一切有情盡無餘　　　無始時來直至現在間
所積一切惡業與障礙　　　具足四力之門行懺悔
懺悔唸誦六字大明故　　　三寶總具阿彌陀佛之
身中流注如乳之甘露　　　由梵穴入充滿於全身
一切罪障宛若黑墨汁　　　由己下門足心沛然出
入地供養閻羅死主屬　　　極屬足已添壽贖身命
自身轉成無垢水晶般

懺悔方法之心要：唸誦六字大明咒

接下來是懺悔業障，這部分在前面的講解中已經做了許多說明，大家應該已有所瞭解了。

關於這樣的四不共前行，如果能夠好好的圓滿四十萬遍的前行，是最好的。如果沒有時間，就常常修持四不共前行，這

樣做對大家有非常大的幫助。

## 觀修上師瑜伽

現在講解上師相應法——上師瑜伽的部分。一般來講，修行時能夠真正領受到上師加持的各種法門中，最能使加持力進入我們自心的，就是上師瑜伽。所以當我們在修上師瑜伽時，不只是在口頭上唸誦祈請文，還要真正從內心生起無比虔誠的信心和希求心，以這樣的心境來修持上師瑜伽，就是這個修持最重要的要領。

### §1.虔誠悲切唸誦轉變自心之祈請文

三寶總集上師阿彌陀　專注虔誠悲切而祈請
我等世俗散心轉於法　一切相聲清淨本尊咒
祈請加持了悟大手印　任運圓成境相悉清淨
加持證得勝共之成就

我們發自內心，非常悲切、虔誠、恭敬地向一切三寶總集的上師阿彌陀佛祈請。然而，我們的目的是要祈請什麼樣的加持呢？第一、祈請我們自身和一切有情眾生的心念都能轉向佛法的修行，讓凡夫的意念能夠轉為佛法修行之用。也就是透過前面所開示的四共思惟及四不共加行的修法，讓我們的世俗散亂心能夠轉為修持佛法的心。而且不僅僅是我們自身的心念這

樣子轉變，其他一切有情眾生的心念也都能轉向佛法修行之道。

第二、祈請讓我們在正行的修持裡了悟自己心的體性。正行包括生起次第與圓滿次第。祈請讓我們在正行的生起次第中確實了悟一切的境相都是本尊的身相，也就是就其清淨的本質而言，都是本尊的身形；所有一切的聲音就清淨的體性而言，就是本尊的咒語，兩者無二無別。

接著在圓滿次第裡，我們依止大手印、大圓滿的雙運禪修，祈請我們能確實了悟心的體性圓滿大手印的證悟。同時祈請加持在大手印、大圓滿任運自成的法門中，能夠確實知道自身與清淨本具的智慧是無別的。在這樣任運自成的修行過程中，有時候會在四種修行成就的相狀或是修行成就的次第中如實地證悟。

「加持證得勝共之成就」指的是，祈請上師阿彌陀佛讓我們在這一生中依循前面的修行法門確實修持後，賜給我們修行的成就，真正生起各種修行上應該證得的世俗與不共之成就。

### §2. 唸誦蓮師心咒

唸誦完祈請文後，要唸誦蓮花生大士心咒。蓮花生大士心咒是一切祈請的精華，也是祈請的心要，所以持誦心咒時，也涵攝了向所有上師祈請的意義。

唸誦蓮花生大士的心咒，這個咒語是祈請一切上師的心要。為什麼呢？因為「嗡啊吽　邊紮咕嚕貝瑪悉地吽」，咒語中「嗡啊吽」的意思是「佛的法、報、化三身」，「邊紮」是「金剛」

的意思，「咕嚕」是「上師」，「貝瑪」是「蓮花」，也可以說是「一切的上師」，「悉地」是「成就」的意思，指「一切勝共的成就」，因此這個咒語也是祈請一切上師的心要。

　　以上所說的是四不共加行的部分。我們向頭頂上的皈依境阿彌陀佛做皈依、發菩提心、獻曼達、懺除業障，一直到上師相應法祈請上師，之後要再一次觀想頭頂上的上師阿彌陀佛化光融入我們自身，於是我們得到上師身、口、意的加持，也得到上師賜予我們的四種灌頂之加持。接下來要讓皈依境融入自身與接受灌頂。

### §3. 觀想皈依境融入自身與接受灌頂

> 上師三寶總集彌陀佛　　化光融入自身無二別
> 自身三門上師身語意　　無二無別如水乳交融
> 如是盡得灌頂與加持

　　唸誦這一段時，要觀想頭頂上為三寶與上師之總集的阿彌陀佛化光融入我們自身，無二無別，如同水融入牛奶中一樣。此時，上師的身、口、意與我們自身的身、口、意融合，無二無別，於是我們觀想得到上師阿彌陀佛的灌頂與加持。

接下來修持將進入正行的部分。

這個修持儀軌也可以把四不共加行的部分另外分開來，平常修持時就專修四不共加行，每一個加行就如同前面所講的那樣來修持。等到四不共加行圓滿後，要修持正行時，可以直接從前面唸誦皈依、發菩提心文開始，然後接到正行修持的部分，這也是另外一種修持的方法。

# 2.

# 正行──修持生、圓次第

自身剎現尊勝觀世音　　諸佛總攝大悲之體性
度化有情大悲觀世音　　身色白晢一面微笑容
白色蓮花寬廣月輪上　　雙足金剛跏趺而安住
四臂首對合掌持寶珠　　後二水晶念珠白蓮持
絲綢珍寶報身莊嚴飾　　上身披著鹿皮之獸衣

　　這就是生起次第的修法部分。生起次第的觀修方法有很多
種，有的是次第地生起，有的是剎那之間就圓滿地觀想顯現，
其中最殊勝的方法就是剎那之間就觀想本尊圓滿現前。所以這
個地方我們就觀想：在剎那之間，自身化為觀世音菩薩，我們
凡夫充滿能、所二執的身相立即轉化成為觀世音菩薩圓滿的身
相。觀世音菩薩是十方三世諸佛大悲心的體現，代表的就是諸
佛、菩薩大悲心的體性，以此度化一切有情眾生。對有情眾生
而言，觀世音菩薩特別具有大慈大悲的形象，並以慈悲心來攝

受有情眾生，也以祂的每一個眼來觀照有情眾生，因此在藏音上，觀世音菩薩稱為「見瑞息」，意思是「眼睛不眨地看著」。

觀世音菩薩全身是白色的，臉上充滿微笑，安坐在白色的蓮花月輪上，雙腳是金剛跏趺坐，具有四隻手臂，前兩隻手在胸前合掌，並且兩手中有一個如意寶珠；後兩隻手，右手拿水晶唸珠，左手持著白色蓮花。身上穿著各種絲綢，以珠寶為莊嚴，上身披著一件代表觀世音菩薩大慈大悲心體的鹿皮獸衣。

接著觀想：

| | |
|---|---|
| 心間六瓣白色蓮花上 | 中心啥（ཧྲཱིཿ）字六瓣六字明 |
| 咒字站立剎那放光明 | 啥字不動六字向右旋 |
| 由彼放光照耀於十方 | 供養十方一切佛菩薩 |
| 悉皆化為大悲觀世音 | 如雨飄降融入我身中 |

　　這個部分在中文的譯文裡已經非常清楚了，不過再講一次以方便大家做觀想。觀想在心間有六瓣的白色蓮花，蓮花中心有種子字「啥」字，四周的六片蓮花瓣上有六字大明咒「唵嘛呢唄美吽」（ༀ་མ་ཎི་པདྨེ་ཧཱུྃ），每個咒字都是站立的，而且都非常清楚。中間的「啥」字安住不動，四周的「唵嘛呢唄美吽」向右旋轉，六個字旋轉時都放光，光芒照射到十方，供養十方三世一切諸佛、菩薩。再觀想十方諸佛、菩薩都化身為大悲觀世音菩薩的身形，接著觀想祂們就像雨水降落到湖面上而融入湖水中一樣，也相繼融入我們的身體中。

> 復次六字明咒光綻放　　淨化六道有情諸罪障
> 一切化為大悲觀世音　　此起彼落皆誦六字明
> 外器世間化為極樂境　　念慮皆為覺空智慧境

　　再一次觀想六字大明咒放光，光芒照射到一切六道有情眾生的身上，清淨眾生的惡業與障礙。接著再觀想一切六道有情眾生都化成大悲觀世音菩薩的身形，也一起唸誦六字大明咒。此時，觀想外器世間不再是污濁的世間，全都化為清淨的極樂淨土，一切眾生的思慮、念頭、分別等等也都化為清淨之本覺與空性智慧等等。也就是一切的外相、聲音、念頭、想法、思慮，全都化為清淨的觀世音菩薩身形、觀世音菩薩的咒音，以及觀世音菩薩的智慧心性，亦即大手印明空不二的心性。我們

在這種觀想中，持誦六字大明咒。

不僅我們在修行中要做這樣的觀修，就勝義諦而言，所有一切外在的境相本身就是這樣子的：一切境相本來就是本尊清淨的身形，一切聲音本來就是本尊清淨的咒音，一切意念本來就是本尊清淨的體性，本來就是如此。

對這樣一個本自具足的義理，如果能夠加以了知的話，就是已經解脫的佛。然而，由於不能了知並覺悟這個道埋，所以就有了因為無明、不了知此義理而不斷地在六道中輪迴的眾生。眾生因為不了知此義理的緣故，因而產生各種強烈的煩惱、貪心、瞋心等等，繼而造作各類惡業，於是虛幻地、迷惑地在六道輪迴中不斷地流轉，承受著種種痛苦。

因為身為無知眾生的緣故，所以我們希望透過修行讓自己確實了悟到：外在這些我們認為不清淨的境相、聲音、念頭、思慮等等，其實本來就是清淨的境相。透過修行，能夠讓我們如實地了悟到所有一切都是本自具足、本自清淨的。如果能如此了悟，我們就證得成佛解脫的境界。

唸誦上文之後，接著就持誦六字大明咒。持誦時，同時可以依照正本中所教授的止觀方法而安住在心中的咒字「啥」上面，也可以進一步修持止觀雙運。

一般來講，顯教和密宗、經部和密續裡，都要我們斷除不清淨的境相、聲音、煩惱與念頭，這是共通的教授。但是在經部中，要斷除聲音、煩惱這些不淨的方法，是用觀修空性的方式，也就是去想這些不淨是空性的，是不存在的。而在密續中

則更直接，是用當下轉化的方式去修持：你不必將染著不淨的境相觀空或先把它消失掉，再去了知它是清淨的，而是直接在染著的境相本身，其本質就是清淨的，亦即不淨者，其本質就是清淨的。這是在經部與續部修行上一個很大的差異。

例如我們面前有一個不淨東西，如果以經部的說法，會說這個不淨的東西是空的、是不存在的、是不眞實的；但是以密續的修行方式而言，雖然我們認爲這個東西在外相上是不淨的，其實它的本質是清淨的。

現在我們從生起次第的部分開始練習修頌，先唸誦六字大明咒，接著再做止觀的觀修。

在生起次第安住時，要配合《大手印、大圓滿雙運修持心要》中所講的方法去修持。如果我們能依法實修的話，一定會生起覺受。當各種覺受生起時，最重要的是不要帶有任何期盼、恐懼或排斥的心態，不要對覺受生起喜歡、貪執或厭惡的心。最重要的是，要在身心上保持鬆緩的狀態，有時候要稍微提起，有時候則要放鬆，適度地運用這種方法，對於任何的顯現都不要刻意去遮止斷除，要毫無造作地自然安住，這是在整個禪修中最重要的要領。

結束時，也就是下座後，在日常的生活中，要時時將我們在禪修中的心境跟日常生活的行儀融合在一起，有時候則去觀修空性以及一切諸法無實的義理。因爲空性以及一切無實的觀照，能逐漸放下我們內心的執著，漸漸去除我執這種堅固的念頭，所以要觀照空性與無實的義理。

　　同時爲了能讓修行的覺受不斷地湧現、增長，方法就是常常觀想上師阿彌陀佛在自己的頭頂上，內心則虔誠地祈請上師，並修持上師瑜伽。另一方面也要在生活中透過布施、持戒等等六度去積聚修行的資糧，清淨自己的業障，這些都有助提升並增長我們的覺受和證悟的方法。特別是眞正從內心非常努力地修習慈悲心和菩提心，也是一個增長覺受、令證悟生起的殊勝法門。

# 3.

# 自他交換法

在修學慈悲心和菩提心時，可以配合呼吸做自他交換。在修自他交換時，我們唸誦下面幾句誦文：

> 樂時回向諸喜樂　　普願利樂遍虛空
> 苦時荷擔眾生苦　　普願苦海悉枯竭

當我們在享樂時，便迴向：「願我所享有的喜樂能遍虛空地利益一切有情眾生。」因為有情眾生是無量無邊的，什麼地方有虛空界，那裡就有有情眾生，所以祈願現在我所享有的喜樂能夠遍滿一切虛空法界，並利樂一切有情眾生，令使所有眾生得到暫時及究竟的喜樂。當自己受苦的時候，即自願代替眾生受苦，心中想著：「願我所承受的苦能夠替換一切有情眾生的各種痛苦。也願因為我們所受的苦，讓眾生界所承受的如海水般廣大無邊的苦都枯竭，而使一切有情都能究竟地遠離痛苦。」

　　如果能如上文確實地修持，我們平常一切的苦樂、一切的行儀都能成爲利樂一切有情眾生的修行，而且皆不會由於自身的苦樂而產生我慢，或者因爲受苦而心生煩惱不安，因爲一切苦樂都已經成爲利他的修行，也成爲積聚資糧的最佳途徑了。所以，一位成就的上師，也就是《佛子行三十七頌》的作者拓美桑波（無著賢）上師就說：「對一個內心眞正發起菩提心的修行者而言，生病是一個很好的修行機會。因爲生病是淨除我們無始劫以來所累積的惡業的方法，更是能確實生起菩提心的好時機。縱使生病時，內心仍然能生起菩提心，這都是修行上的一個助緣。」

　　對一般沒有修行的凡夫而言，由於內心無法生起菩提心的緣故，所以遇到痛苦、障礙時，內心立刻會產生很大的恐懼、煩惱與不安，會想著這樣的痛苦我沒有辦法承受，我該怎麼讓痛苦趕快消失呢？然而，對一位眞正發起菩提心的修行者而言，當有各種痛苦、障礙現前時，內心反而是喜悅的。因爲遭遇這些痛苦，是我們在修行上是一個很好的助緣，一方面能讓我們清淨過去所造的惡業，另一方面更可以增長自己菩提心的心量，也就是藉著痛苦與障礙，讓自己有更堅定的信念將其運用在修行道上，並以此幫助更多有情眾生。所以，一位眞正發起菩提心的修行者，對待痛苦與障礙時是歡喜的，因爲這是能夠成就我們修持的修行助緣。

　　現在講解自他交換。當我們呼吸時，觀想自身一切的喜樂、善根與善業都呼出去，如同白光一般照射著所有眾生，並融入

眾生的身體中，於是他們都因為我們的善業融入其身而變得非常歡喜。吸氣的時候，觀想一切眾生的痛苦、惡業與煩惱像黑色的光一般吸入我們的身體中，因此，所有眾生的痛苦與煩惱都消失了。

對於初修行的人而言，持續做這樣的呼氣、吸氣的觀想一陣子後，可以再觀想剛剛呼出去代表喜樂、善業的白光，以及吸進來代表惡業、痛苦、煩惱的黑光，在我們呼吸的時候就融入於空性，然後安住在空性中了。有時候初學修行的人內心會起一種煩惱：「這麼多痛苦的氣息吸到自己的身體中，會不會對自己不好？」所以這時候可以觀想這兩種氣都融入空性中。

現在你可以做一下自他交換的練習。

當我們生病或是遭受某些痛苦、煩惱時，可以做自他交換的練習，這樣一來，很快便能具有真正消除痛苦與煩惱的作用。此時，如果能夠努力地修持自他交換，一方面可以清淨我們的業障與煩惱，另一方面可以提升我們的心量，內心自然就不會受到煩惱或病苦所控制，久而久之，當功夫成片之際，內心自然會形成一股勇猛的力量，不會恐懼承擔眾生的病苦。西藏有一個叫作「康巴」的種族，他們的個性勇猛率直，當他們跟別人起衝突時，馬上就會動手打架，毫不怯懦，因此，如果我們平時就有練習做自他交換，就不會因為一生病或是遭受痛苦而煩惱不安。

以上是正行的部分。

# 4。

# 頗瓦法

正行結束後，接著是專門為我們面臨死亡時作準備的「頗瓦法」。因為未來當我們面臨死亡時，如果生前沒有好好作準備，預先修持頗瓦法的話，當身心要分離時會產生各種幻象，心中也會充滿各種恐懼。例如臨命終身心要分離時，心裡又不斷地貪執自己所喜愛的財物、眷屬等等，此時內心的痛苦和恐懼是無法加以控制的，到那時候你想要好好地修頗瓦法已經太晚了。為了能在臨命終時能夠完全依止頗瓦法的修持，所以現在就要確實地練習修持頗瓦法。如果現在有了萬全的準備，臨命終時，就能夠真正地派上用場。

自身本尊大悲觀音身　　外相本質無實虹光身
身中中脈如中等竹箭　　開口於上梵穴下閉合
投生其他六道之八門　　紅色啥字一一遮八孔
自心中央白色蓮花上　　風心相狀意識之本質
啥字白色上下極顫動　　頭頂端坐上師阿彌陀
身紅化身嚴飾跏趺坐

　　我們觀想自身就是四臂觀音的身相，身體外相沒有實質的
肉體，全身內外是光的身形。再觀想身體中央胸口有條非常正
直、如同箭一樣的中脈，上端開口於梵穴的地方，像喇叭狀，
開口比較大；下端在肚臍下，是閉合的，沒有開口。接著再觀
想化現紅色「啥」字，每一個「啥」字都把將會投生到六道的
八個孔道一一封閉起來。接著觀想中脈在心間的位置裡有白色
的蓮花，蓮花上有個白色種子字「啥」字，代表的就是我們的
氣以及心的本質，也代表我們的心識，「啥」字與我們的心識是
無別的，正在上上下下地顫動著。再觀想頭頂上安坐著阿彌陀
佛，其身形為全身是紅色的化身莊嚴，雙腳金剛跏趺坐。

　　接著唸誦下面的祈請文，唸誦的時候要具足虔敬的信心，
非常專注、懇切地祈求做頗瓦。

> ㄟ瑪齙　最極稀有阿彌陀依怙　　大悲觀音以及大勢至
> 我等專心一意敬祈請　　甚深頗瓦修習祈加持
> 我及一切有情命終時　　意識往生極樂祈加持

　　祈請文的意思是：「無比殊勝的阿彌陀佛、怙主觀世音菩薩與大勢至菩薩，我虔誠地向您們來祈請，祈請您們加持我現在修持頗瓦的時候，能夠確切地了知頗瓦的修持方法，同時一旦面臨死亡時，我能夠以頗瓦的方式得到解脫，祈請您們賜與加持！」

　　要盡量多多唸誦祈請文。唸誦完畢後，就專心觀想心氣合一的「啥」字，最後在呼「呸」時就觀想「啥」字上升進入阿彌陀佛的心中。現在我們是練習頗瓦的方法，所以觀想「啥」字上到觀想頭頂上阿彌陀佛的心中之後再喊「嘎」，觀想「啥」字從阿彌陀佛的心中降下來，落在自己心中的蓮花上面。按照這種方式練習，做一百次或是二十一次，或者練習到出現頗瓦的徵兆為止。

　　做完頗瓦的練習後，就安住在無造作、無妄想的大手印、大圓滿的境界中。最後圓滿的時候，因為緣起的關係，進一步要修持長壽法。

　　當我們臨命終時，要做以下的觀想：為了利益一切有情的緣故，將我們的身體、財物、親眷完全供養給上師、三寶與阿彌陀佛，同時祈求能往生極樂淨土。除此之外，我們應該由其

他，例如中陰的教授中，進一步知道中陰裡各種的情境與修持
法。因為在這裡若要講中陰的教授，會牽涉得非常廣泛，所以
可以自行參閱我所講授的《西藏生死導引》這本書，書中對中
陰的各種現象有詳盡的解說與教導如何實修。

# 5.

# 長壽法

接下來修長壽法。

> ㄟ瑪豁　圓滿佛陀無量光　　大悲觀音大勢至
> 　　　　諸佛菩薩無量眾　　我以虔心敬祈請
> 　　　　祈賜長壽之成就　　嗡　阿彌爹哇阿佑　悉地　吽

持誦「嗡　阿彌爹哇阿佑　悉地　吽」之前，觀想頭頂上的阿彌陀佛化現成為長壽佛的體性，內心虔誠地祈請長壽佛賜予自己長壽上的加持，接著再持誦長壽佛的心咒。

這樣持誦完畢後，接下來觀想：

> 頂上阿彌陀佛融光中　　化成無死甘露之體性
> 由梵穴入充滿於全身　　沆（ཧྃ）與十字金剛封於頂
> 願證無量壽佛之果位

　　按照上述方式，觀想頭頂上的阿彌陀佛化光，最後融入我們的身體。阿彌陀佛化光後，化成具足無死甘露之本質，從我們的梵穴流入全身，最後再觀想一個種子字「沆」，以及十字金剛杵封住我們頭頂上梵穴的出口，並祈願能證得無量壽佛的果位。

# 6.

# 收攝次第

最後包括兩個部分：一個是收攝次第，一個是圓滿迴向與發願文。如果你是做第一加行、第二加行等等前行的話，沒有修持正行的生起次第與圓滿次第，那麼你在做了前行之後，就直接唸誦最後的迴向與發願文。如果你是按照這個法本的次序而修持生起次第與圓滿次第，那麼你做到這裡時，就要先做收攝次第的修法，最後再迴向。

> 嗡 輪涅諸法本源自清淨　萬物皆為本尊之壇城
> 無緣法界境中悉圓滿

前面我們觀修生起次第與圓滿次第，了知輪迴與涅槃中一切法的本質都是清淨的。在本質清淨的體性中，我們藉著生起次第和圓滿次第的修持，將外在我們認為不淨的形相、聲音、思慮等等全部轉化、融入，成為清淨的境相。接著在這裡，我

293

們觀想一切的境相一下子都收攝、融入於空性的法界中。在這樣的狀態下，內心毫無造作地自然安住。

安住完之後，再回到一般行、住、坐、臥的生活時，修持方法如下：

復次外相聲音及智慧　　悉為觀自在之身語意
後得諸行悉成資糧海

由前面心無造作的定境中出定之後，要再次觀想外界的一切境相、聲音與念頭全都是觀世音菩薩的身、語、意，在日常生活中，一切行、住、坐、臥的行儀當下即成為積聚福德資糧的助緣，因此，使我們平常一切行為皆不斷地在累積福德和智慧資糧。在日常生活中，我們的一切行為也都能夠不偏離於道，不會流於毫無意義，並且努力從事自、他二利的善行。

# 7.

# 迴向與發願文

在迴向和發願文這部分，這些文句已經將其義理表達得很清楚，大致上應該不會有什麼問題。最後唸誦迴向與發願文。

| | |
|---|---|
| 以此自他聖者及眾生 | 三世所積一切諸善業 |
| 如同往昔諸佛及菩薩 | 發菩提心善念而迴向 |
| 如是為利有情我迴向 | 願我從今生生世世中 |
| 具暇滿寶得遇善知識 | 如理善巧清淨修佛法 |
| 空性見地以及慈與悲 | 菩提心等修道諸次第 |
| 無誤如是於心得自在 | 於利他行恆時精進修 |
| 凡諸於我讚嘆與結緣 | 特是無邊有情悉無餘 |
| 長壽無病喜樂於法行 | 未來往生大樂之淨土 |
| 究竟解脫果位願證得 | |

以上是大手印、大圓滿雙運修持的講授和口傳，到此圓滿講解完畢。

# 法義問答

問： 修法時，如果心念不容易安定下來，應該怎麼做？

答： 有些人因為身體上的關係，或者心念還常常很粗糙，不容
易安定下來，在這種情況下，最重要的一個修行要領就
是：令身心都保持在非常鬆緩、寬舒的狀況下，緩緩地去
修持。

問： 修生起次第之止觀和止觀雙運時，是否要一邊唸誦六字
大明咒，一邊做止觀雙運？

答： 是的，在這個法門裡，有一個不共的修行方法，就是在
觀修自身就是觀世音菩薩時，也同時持誦六字大明咒。
「語」，就是六字大明咒的咒音。之後，心就安住在止觀
心性的禪定中。以這種方法去觀修，止觀是雙運的，同時
也是相容的。如果無法一邊持咒，也可以將心安住在止觀
雙運的定境中。你也可以在持誦咒語後，靜下來，再安住

在觀的定境中。當然最好的方式是，在直接持咒的同時，就能夠融入於止觀雙運的情境中。

問： 練習「頗瓦」時，如何觀想「啥」字的升降？

答： 練習「頗瓦」時，直接觀想「啥」字上升到阿彌陀佛的心中，再降下來。「頗瓦法」修得很好時，中脈的孔道就不會再合起來了。

問： 有高血壓時要怎樣唸「呸」字？

答： 這時「呸」字不要用力唸。

問： 唸誦「嗡 阿彌爹哇阿佑 悉地 吽」時，該如何觀想？

答： 唸完「祈賜長壽之成就」後，唸誦「嗡 阿彌爹哇阿佑 悉地 吽」時，仍舊是觀想頂上的阿彌陀佛。

問： 要將「沆」字觀想在何處？

答： 「沆」字是在十字金剛杵的下面。「沆」字代表我們的投胎。我們有色身，是因為父精母血融合的關係。我們從一出生，來自於父親精子的部分便由一個「沆」字作代表，一直都是這樣子的。

問： 修「頗瓦」的次數該如何拿捏？

答： 修「頗瓦」的數量有兩種。一種是看你有沒有「頗瓦」的

徵兆現起。在徵兆還沒有現起前，就要不斷努力地去修持，一直到有了「頗瓦」的徵兆出現後就停下來，不要再繼續修。第二種，就像這裡所講的，你在修每一座法時，可以修二十一次或修多少次，次數是看你修行的時間而定。再來最重要的是，你的心是否能夠真正的專注。看你能夠有多少時間，一般來講，就一座法練習「頗瓦」的次數而言，都是以單（奇）數為主。譬如說三次、五次、七次或二十一次等等；不要是雙（偶）數。修了「頗瓦」後，後面的長壽佛一定要修，否則對我們的壽命會有一些障礙。

問： 什麼是有「頗瓦」的徵兆？

答： 一般所謂有「頗瓦」的徵兆，就是在我們的頭頂上梵穴的位置，有時候會覺得痛，有時候會覺得腫腫的、漲漲的，有時候甚至會流出血或黃水，有時候頭頂上會有以前從來沒有的感覺，例如會覺得熱熱的等等，這些都是屬於有「頗瓦」的徵兆。有時候是你睡覺時會有一些夢兆，主要就是頭頂上的這些現象。有些人在頭頂上梵穴的地方，好像頭骨會打開，這時候，你如果用吉祥草往梵穴一插，就插進去了。在閉關修行修「頗瓦」時，檢驗「頗瓦」的徵兆有沒有現起，就是以吉祥草插在梵穴上，看看是否可以插下去。這個地方的頭骨打開時，會變得很軟，用吉祥草一插，就可以插下去了。

問： 修「頗瓦法」時必須到墓地去修嗎？

答： 修「頗瓦法」不必到墓地去修，在家裡就可以了。臨命終
時，神識要往上升，並融入阿彌陀佛的心中，之後往生
了，就不再下來了。所以臨命終時，就是這樣解脫的。

# 附　錄

ༀ༔　　ཐུགས་རྗེ་ཆེན་པོའི་དམར་ཁྲིད་ཕྱག་རྫོགས་ཟུང་འཇུག་གི་ཉམས་ལེན་ལ།

མཐོ་བའི་དགའ་འདོན་ཞལ་དུ་བྱུང་བ་རྣམ་གྲོལ་ལམ་བཟང་བཞུགས་སོ༔

大悲觀世音教授～大手印、大圓滿雙運修持所編

修誦儀軌～究竟解脫之勝道

༄༅།

大悲觀世音教授—大手印、大圓滿雙運持物所需之修誦儀軌—究竟解脫之勝道

頂禮並皈依：上師、三寶無別的大悲觀世音，祈禱加持自心。

大悲觀世音教授—修持次第之誦儀如下，略分：

首先茆衍　　結行三部份

正行

觀眼滿臉濕心羅　　殷送　空北　多達　唯生　以

具足順緣能成　究竟樂

達九　迪尼　達巴　信度

此眼滿身湯獲極眼祺

最心四法以淨心羅　　嘉虻　事千　記錄　遠度　迪

獲此離湯具足菩提時

器捷　吉殿　米大大

外器世間無常

讚結　缺南　給記　給記　呃

有為諸法剎那剎那滅

掛行　寂支　　麖翍　建昨　切所　云米　大

雙具根　　　世間有情生命書無常

湯結　米大　居拉　屈欽

一切無常於心麼環信

解脫勝道　第一頁

類　　觀業釋因果

འབྲས་བུ་ལས་འབྲས་སྐྱེ་བ་དང་ངེས་ཤེས་དྲང་བའི་ཕྱིར།
送當　薺阿迴
痛苦快樂生

ཁ་དང་དཀར་ནག་གི་ལས་འབྲས་ལས་འབྱུང་།
居槇　給餘　淏飛　內拉　貝
深信因果綠動於取捨

དབང་དང་ཀ །གྲུབ་མའི་ཚེ་དུས་ལ་སྐུལ་བ་འི།
拉迷　迷莘　迷大　居堅　堅
天人喜樂無常變異劇

ལྟ།
如上心中應項情緣心四種見緣

རང་གི་ལུས་ལ་དཔའ་བོའི་ཚུལ་དུ་འབྱུང་།
不共內苅行：當先決定觀規帳依供養境

འདིར་བདག་སྐྱབས་སུ་འགྲོ་བའི་ཡུལ་ལ་དམིགས།
繼拓　雜居　喇嘛　瓦秋　順
根本傳承上師及三寶

ཇི་ལྟར་རྣམ་དག་ཞིང་གི་ཡོན་ཏན་དང་།
湯結　記都　哦巴　美巴　尼
總攝為一觀為阿彌陀

ཞལ་གཅིག་ཕྱག་གཉིས་མཉམ་གཞག་ལྷུང་བཟེད་བསྣམས།
眼飲　洽迷　娘匣　陰射　神
一面二臂持缽結定印

ཆོས་གོས་གསུམ་གསོལ་རྡོ་རྗེ་སྐྱིལ་ཀྲུང་བཞུགས།
缺割　南順　所形　託重　修
著三法衣金剛跏趺坐

解脫勝道　第二頁

ལོག་ལྟ་མེད་ཅིང་འཁྲུལ་བ་མེད་པ་ཡི།
稜汰　槍不
無歉之果

དེ་ཕྱིར་དཀར་ནག་དགེ་སྡིག་ལས་ཀྱི་རྒྱུ།
送企　喻那　給軍　當迪　雷
故由黑白善惡之業因

ངན་སོང་གསུམ་གྱི་སྡུག་བསྔལ་ཤིན་ཏུ་མཐོང་དཀའ།
恩松　春阿　僧郁　色巴
三遠處連痛苦極維難見

དེ་ལྟར་ཤེས་ནས་ཐར་པ་བསྒྲུབ་པར་འོས།
送大　對內　答尼　踏淏
如是知夬應修解脫違

རང་གི་སྤྱི་བོར་པདྨ་ཟླ་བའི་སྟེང་།
模託　記索　被瑪　答季　殷
自身頂輪護花月輪上

ཤ་ཚ་དམར་པོ་མཚན་དཔེ་ལེགས་པར་རྒྱན།
視孫　俏波　俏貝　連記
壞身紅色相好相光嚴

ཐུགས་རྗེ་ཆེན་པོ་འགྲོ་བ་ཀུན་ལ་དགོངས།
違阿　墾府

皆嫌 昨生 瑪練 貝  
我等無餘有情眾

送當 零解 加昨 鮮屆 當  
度信見思現依及救心

極陣 蹈錢 內拉 覺巴 頌  
淨障積資之斤粥進粉

道之基：皈依

昨生 那錯 屬北 穰淑 託  
積種業相送惑之自相

賜辦 哇屋 摧奉 兀順 昨  
無周輪迴三界有情眾

毒阿 順緣  
三苦輪迴

標没 償內 南拉 加蘇 企  
無歎依捷聖眾救依

迷之勝果：捷心

撵露 係奴 北  
熊令平息華

送南 昨起 咧昊 託  
焉度波等找找無上之

問當 噩魚 毒阿 措干 拉  
偎時或智滿答大海中

如上

處奉 昨拉 切哀 淚結 屆  
況淪我生焉拔故具見

滾秋 足拉 大都 貝巳 頌  
珠勝果道恆常精進修

盡力具積皈依發心之文次數，心中生是清淨之皈依脤發心

橫取順緣資糧：秋委達

答記 鹿當 隆侣 給午  
己身善根財富籍受用

令當 理練 仁干 那措 當  
漬彌四洲稀有餘珍寶

尖蘇 玖當 怡託 竹 南  
真實獻供意緣所化現

羅以 淚送 喉巴 哀拉 木  
以意緣取意供養彌陀佛

解脫勝道　第三頁

ཉི་ཟ་གཟའ་སྐར་རྡོའི་དཀྱིལ་འཁོར་དུ།

日藏 帝釋 尼睾 見巴 地
滇彌四大部洲日月辰

འདག་ལ་ཉོ།

遠貨
自他

སྐད་ཅིག་གཅིག་གིས་སྡིག་སྒྲིབ་དག

剎那 唱季 銀巴 果際 果際
具足四力之門

གསུང་ལས་བདུད་རྩི་འབབ་པའི་ཟ།

故當 杜季 喋瑪 扎哇
身中流注如乳之甘露

དྲི་མེད།

དྲི་མེད་ཀྱིས་འཁྲུད་ཅིང་འདག་པར་བྱ།

噠郭 當尼 剛北 督際 以
由己下門見心流然出

ས་འོག

薩哦 杜季 松貝
入地供養

བཤགས་ཐབས་ཀྱི་སྙིང་པོ་ཡིག་དྲུག་འདི།

懺悔方法之心要：
念誦六字明

བདག་ལ་བརྩེ་བའི་སླད་དུ་རྗེས་སུ་བཟུང་དུ་གསོལ།

遠拉 通走 圍際 剎記 協
為利我故見此而納受
見積昱注此歡文

དག་གི་གནས་ཁང་ཞིང་ཁམས་དཔག་ཏུ་མེད།

次

著視 閉達 興拉 党巴 學
普願眾生用此淨土
懺悔違緣及業

སངས་རྒྱས་ཞིང་དུ་དམིགས་ཏེ་ཕུལ་བས་ན།

桑傑 興都 密湯 當哇 衣
緣想諸佛淨土而獻供

བདག་གིས་ཉོན་མོངས་དབང་གིས་སྡིག་བྱས་པ།

紅隆 帝當 級巴 瑪繚 巴
所積一切惡業與障礙

འགྲོ་བ་ཀུན་གྱི་ཉེས་ལྟུང་མ་ལུས་པ།

卓哇 現見 瑪繚 貝 拓昱 春內 達踏 眼記 拱
一切有情罄盡無餘
無始時來直至現在間
懺悔

ད་ནས་འཆི་བའི་བར་དུ་བྱས་པ་ཡིས།

送大 拓夏 儀卒述北 哇
懺悔念誦六字大明故

夏巴 記
汗懺悔

ཉེས་ལྟུང་འགྱོད་པས་རྣམ་པར་བཤགས།

吳秋 視郁 哦北 美巴 以
三寶總具阿彌陀佛之

མཚན་བཟུང་ཉིད་བྱོན་ནས་འཛིན་པའི།

ཚོགས་གསོག་པ།

毒恩 大部 帝級 瑪繚 巴
一切罪障宛若墨黑汁

巴
瀋來 設修 鹿根 扛哇以
由此穴入天滿於全身

བདག་ཉིད་ཤེལ་དཀར་མེ་ལོང་ལྟ་བུར་འགྱུར།

禎鹿 大部
級沒 謝貨 大部 揪
自身轉成無垢水晶般

དྲི་མ་ཐམས་ཅད་དག་ནས་དུག་གསུམ་བྲལ།

綿性 池北 切違 所鹿 揪
極穢垢足已添毒贖身命
解脫勝違 第四頁

企違 僧介 各
閻羅死主藥

哀秋 梎都 喇嘛 美
三寶總集上師阿彌陀

度誠懇切心之祈請文

熊引入加持之上師瑜伽

內嚕
揀札 砍納 砍拉 揀哇 當
一切相集清淨本尊兄

真修 札北 所哇 迭
度誠懇切而祈請

秋吞 耆卒 脫巴 歓記 洛
加持證湯勝共之成就

洛十 剝巴 歓記 洛
祈請加持了悟大手印

輪竹 持阨 庶哇 迴哇 當
任運圓成境相處淨

念誦運誦心兄

而都 勞膝 禳拉
化光融入自身

喇嘛 哀秋 梎都 喇巴 美
上師三寶總集彌陀佛

進法觀想帳恢依聽融入自身掌項

旺當 歓孫 湯傑 達巴 揀
如是盡湯滋項與加持

耶美 匡當 喲瑪 儼大 都
無二無別如水乳交融

圖松 圖當 庶阿 儀順 波
自身三門上師身語意

嘎哇 哀都 汲都 禳淑 秋
諸佛總攝摶大悲之體性

禳逆 哈記 帕秋 見琳 西
自身利現覺勝觀世音

解脫勝道 第五買

正行：修持生圓次第
如上觀想

那莫 唉瑪吙

卓度 圓融 千波 見琳 西  
度化有情大悲觀世音

貝嗄 達哇 界北 殷郁 尼  
白色 蓮花 見膺 月輪上

夏波 多傑 我匈 旁  
棍劍 噶當 眼刖 面 笑容  
身色 白皙 一面 笑容

雙見金剛趺跏坐安住  

哦瑪 尼記 謝産 貝嗅 南  
浚息 當波 踏嘉 誃部 達  
浚二 水晶 念珠 白 護持  
四臂當中對合持寶珠

星大 晨貝 圍擈 優巴 哖  
上身披著羚羊鹿皮之黑衣

達當 仁千 陸圍 切妥 纈  
絲綢珍寶報身狂身嚴飾

圍嘎 貝瑪 嗊波 嗊波 達竹 度  
心間六瓣白色蓮花上

迭哇 喭當 達竹 以給 竹  
逃雷 喏當 喭字 六瓣六字明  
中心嗡字六瓣六字明

湯傑 朋顏 刹當 喏截 貢  
兄字站立剎那剎那放光明

喳儀 米鼓 以竹 耶穌 揀  
嗡字不動六字向右放

迭雷 而坐 由波放光  
逃雷 而坐  
如雨灑降

秋居 桑傑 江現 湯傑 缺  
供養十方一切佛菩薩

秋竹 觀巴 以  
照耀於十方

湯傑 圓融 千波 囷柒 膝  
浴大 拔降  
溟化為大悲觀世音

刺揚 以給 竹雷 而坐 觀  
漣次六字明兄大綻放

理竹 現見 視柰 帝級 將  
淨化六道有情諸罪障

湯傑 圓際 千波 以  
一切化為大悲

穰拉 細細 覩  
融入我自身中

解脫勝道　第六頁

སྒྱུར་ནས། ཀུན་གྱིས་ཡི་གེ་དྲུག་མ་འུར་རེར་རེར། སྣོད་ཀྱི་འཇིག་རྟེན་བདེ་ཆེན་ཞིང་དུ་བསྒྱུར། དྲན་རྟོག་ཐམས་ཅད་རིག་སྟོང་ཡེ་ཤེས་ངང་།

固揪 餒　根季 以給 竹瑪 吳迪 迪　虐季 級殿 迭千 汗都 揪　診剁 湯傑 理東 耶謝 航

觀世音　此起彼落皆誦六字明　外器世間化為極樂境　念慮皆為覺空智慧境

ཞེས་གཞུང་ལས་གསུངས་པ་ལྟར་ཡི་གེ་དྲུག་པ་བཟླས་པ་ལ་ཞི་ལྷག་དང་བསྐྱེད་རྫོགས་ཟུང་འཇུག་གི་ཉམས་ལེན་ལྷ་སྔགས་ཡེ་ཤེས་ཀྱི་རོལ་པ་དང་མ་བྲལ་བ་བྱའོ། ཁྲིད་གཞུང་ལས་འབྱུང་བ་ནང་བཞིན་ཉམས་ཀྱི་རིམ་པ་

如教典所述唸誦六字大明咒，修止觀與生圓次第雙運，不離本尊、咒語、智慧自在而觀修。　如同教授中所述，於覺受之

རྣམས་ལ་རེ་དོགས་དགའ་སྡུག་ཆགས་ཞེན་མི་བྱ་བར་ལུས་སེམས་ཀྱི་གནད་གནང་གྲིམས་སྐྱོང་ལ་མཁས་ཞིང་གང་ཤར་ལ་དགག་སྒྲུབ་མི་བྱ་བ་ཤར་གྲོལ་ལ་མ་བཅོས་པ་རང་བབས་སུ་འཇོག་པ་གལ་ཆེ་དེ་ནི་གེགས་སེལ་གྱི་

次第不應希懼、喜厭、貪執。善巧於身心之鬆緊要點。於任何顯現不破不立，於其上不造作地自然安住為要。此為除違障礙

གནད་དམ་པའོ། རྗེས་ཀྱི་སྤྱོད་ལམ་མཉམ་བཞག་དང་བསྲེ་ཞིང་རེས་འགའ་སྟོང་ཉིད་དང་བདེན་མེད་ལ་བློ་སྦྱངས་བར་བྱ། ཉམས་རྟོགས་བོགས་འདོན་ནི་སྐྱབས་གནས་ཀུན་འདུས་བླ་མ་འོད་དཔག་མེད་སྤྱི་བོར་

之要點。　結行行儀與禪定融合，有時練習觀照空性與無實。　提昇覺受、證悟之法：觀想皈依處總集上師阿彌陀佛

བསྒོམ་ལ་དད་མོས་གདུང་ཤུགས་དྲག་པོའི་གསོལ་བ་འདེབས་ཅིང་རྒྱུན་དུ་བླ་མའི་རྣལ་འབྱོར་ལ་བརྩོན་པ་གཞན་ཚོགས་བསགས་སྒྲིབ་སྦྱངས་སོགས་རྣམ་དཀར་གྱི་ལས་ལ་འབད་པ། ཁྱད་པར་དུ་བྱམས་སྙིང་རྗེ་བྱང་ཆུབ་

於頂上，虔誠淨信懇切祈請；勤修上師瑜伽，努力於積資淨障之淨行。　特別是從心底

ཀྱི་སེམས་སྙིང་ནས་ཤུགས་དྲག་གིས་བློ་སྦྱངས་ནས་བདག་གཞན་བརྗེ་བའི་བློས་བདེ་སྡུག་གཏོང་ལེན་གྱི་དམིགས་པ་རླུང་འགྲོ་འོང་དང་སྦྲན་ལ་ངག་གིས། །བདེ་ན་བདེ་བ་ཚོགས་སུ་བསྔོ། །ཕན་བདེའི་

猛力地修學慈悲與菩提心，配合呼吸進出觀想修持自他苦樂交換。口誦：　迭那 迭哇 措蘇 喔　遍迭

樂時回向諸喜樂　普願

ནམ་མཁའ་གང་བར་ཤོག །སྡུག་ན་ཀུན་གྱིས་སྡུག་བསྔལ་ཁུར། །སྡུག་བསྔལ་རྒྱ་མཚོ་སྐེམས་པར་ཤོག ཞེས་བརྗོད་ཅིང་བློ་སྦྱོང་གི་ཉམས་ལེན་ལ་ཐབས་ཀུན་ནས་འབད་པར་བྱ།

南卡 扛哇 秀　毒那 根季 毒阿 庫　毒雅 嘉措 根巴 秀　如上念誦，應以各種善巧努力做回向清淨的行持

利樂遍虛空　苦時荷擔眾生苦　普願苦海悉枯竭

鹿熾 厝瑪 連物 糠浪 滅
身中脈如中脊竹管

芽內 渣部 喻琳 瑪內 厄
開口於上竅穴下開合

震馬 擇升 瑪卒 哎雯 固
外相本質無實虹光身

禳記 零星 貝瑪 哎波殿
自心中央白色蓮花上

隆提 南巴 謝瓦 哎窐尼
風心相狀意識之本質

車內 賢拉 界季 果尔波
投生某他六道之八門

部運 果波 喻零瑪
紅色喻零——

臺零 喇瑪 桑傑 喔巴 美
頭頂喇坐上師阿彌陀

瑪穫 主園 切見 熱攝 旁
身紅化身嚴飾跏趺坐

喻以 喔瑪 帕拉 克底 貫
喻字白色上下極頭動

如是觀想

興都 盆攝 哎巴 美貫
最德稀有阿彌陀依怙

園際 千波 溶季 圍千 託
大悲觀音以及大勢至

度憎零一念誤願瓦祈請文

連給 界季 依級 所哎 季
我等零心一念救祈誦

薩浪 頓瓦 迴生 歡記 洛
甚深頓瓦修習祈加持

達所 南息 企季 都迴 切
我及一切有情命終時
解脫勝道 第八貫

南謝 送千 頓記 致記 洛
度獄注生極樂興加持

如上祈請文盡力多誦　　要心觀想心、氣、　　母字：觀想心氣上升，入阿彌陀佛心中。　　此際修學時，　觀想

心氣下降。　　如是觀修百次，二十一次，直至願瓦激兆現起。　　最後，什麼也不想的安住於大手印大圓滿見之修持

緣起之要故，稍激修持持長壽法　　臨終時　　現在之身粗、財物、親事朋友等，悉皆供養上師、三寶、阿彌陀佛。

無欲、赤欲為利益一切有情故，求生極樂世界。此外應由其他教授，了知中陰之修持。　　長壽法：

桑傑 堪現 巴都 美南 拉
諸佛壞等匯無直然

嗡 阿彌夢季哇阿佑 悉地 吽

朋儀竹 千波 圖千 託當 尼
大悲觀音大勢至

所哇 夢所 切以 暹什 杵
祈賜長壽之成就

嗡嘛 達嘿 處哇 踏耶 當
圓滿佛陀無直光

遠記 鼓此 獻計 洛探 洛
我以虛心敦祈請

記窘 哦巴 美巴 所都 努
頂上阿彌陀佛臉鬚光中

氣炙 切以 都記 逆都 揪
化成無死甘露之精性

如上感誦多次

達部 設修 囉視 扛哇 揪
由此穴入充滿於全身

調殿 切拉以 天胖 達巴 樣　　沉睡 納擂 多傑 陀
沉興十字金剛封於頂　　願鎧無量壽佛永果位

最後，收攝次第
興回向、發願文

擴送 卻廓 息拉 達巴 以　　彌密 卻應 具貝 陸都 稈
輪湼諸法本源自清淨　　無緣法界中悉圓滿

東保 拉以 京擦 洛巴 梘　　見琳 西旺 固松 圍蘇 匯
萬物皆為本尊之壇城　　思為觀自在之身語意

喇揚 麥札 理北 卻梘 將
汝次外相集音及智慧
安住於無造作之心性中

如上，一切湼之行為，不退朗，不無盡息，而努力於有義利之行。

界誘 集千 搭逆 堅持 映
諸湼讚示悉成實種海

毒順 薩有 給生 級企 巴　　級踏 恩級 送謝 坐界 孜
三世所積一切諸善業　　如同注當賭佛陀及等隆

連起 達賢 帕雷 所界 以
以此自他聖事及眾生

逐大 喇生 桑波 級湼 哇　　連將 迪臉 界當 切練 梘
願我誘令生生世世中　　如是為利有情悉回向

圍界 喻生 桑波 級湼 哇　　達九 秋達
菩等提心當念而回向　　具眼滿貫

解脫勝道　　第十頁

擇秋 現索　菩提心等

菓達 大雷 娑當 拔結 當　空性見以及見與悟

觸行 南達 卻拉 類切 膝　如理善巧彈淨修彈法

紅達 達拉 兒渾 繼哇 依　凡讚於他行恆時彈速修

賢達 雪拉 大都 琴林 記　於利他行恆時彈速修

郎記 吾巴 視　瑪諸 疾行 居拉 旺九 膝　無誤如是於一心湯自在

企馬 迷達千 達北 斤所走　未來生大佛之淨土

切喜 内妹 迷記 卻拉 妷　長毒無病善樂修於法斤

做解 踏耶 卓哇 瑪嚕 巴　持是無邊清淨悦無餘除

踏北 乘胖 選採 記　解脫果位續建湯

此大悲觀世音教授之修持次第嗡願儀軌一完免解脫之勝道，乃為具僧

**講操大悲觀音即圓聚建之教授時，應某些甚心淨弟子之請求，並因此教法修持次第嗡願儀軌所需的修誦儀軌執故未及見。說若已**

有，為方便修持此法之弟子，容易修持及獲大利故，以正文講換為主，融合先賢聖者之語加持，其他必須的部分由救漆補

而所成此儀軌。略知口法良於法不退信心名為甚棄之說法者所作，願佛法宏揚，廣大利益有情。

解脫勝進　第十一頁

༄༅། །མཁན་པོ་ཆུལ་ཁྲིམས་རྣམ་དག་གི་རིང་འཚོའི་སྨོན་ཚིག་འདོད་འཇོའི་ཕྲམ་བཟང་ཞེས་བྱ་བ།

尊貴的堪布慈囊仁波切長久住世祈願文

།མདོ་རྒྱུད་དགོངས་པའི་ཐབ་གནད་མ་ལུས་པ།

無餘顯密經教諸法要

།སྐལ་ལྡན་སྐྱེས་བུར་དུས་སུ་འདོམས་མཛད་པའི།

利益有緣眾生善解脫

།མཁས་མཆོག་བླ་མའི་གསུབ་རིང་འཚོ་ཞིང་།

大智上師善說永住故

།ཐུགས་བསྐྱེད་ཕྲགས་འགྲོའི་གསོས་སུ་སྨིན་པར་ཤོག

願心成就聖教及眾生

達千薩迦法王

善知識系列 JB0054

# 觀世音菩薩妙明教示：大手印、大圓滿雙運修持心要

作　　者／堪布慈囊仁波切
責任編輯／游璧如
業　　務／顏宏紋

總　編　輯／張嘉芳
出　　版／橡樹林文化
　　　　　城邦文化事業股份有限公司
　　　　　台北市民生東路二段 141 號 5 樓
　　　　　電話：(02)2500-7696　傳眞：(02)2500-1951
協力出版／中華民國藏傳顯密菩提三乘林佛學會
　　　　　台北市中山北路二段 72 巷 6 號 4 樓
　　　　　電話：(02)25212359　傳眞：(02)25213769
發　　行／英屬蓋曼群島家庭傳媒股份有限公司城邦分公司
　　　　　台北市民生東路二段 141 號 2 樓
　　　　　客服服務專線：(02)25007718；(02)25001991
　　　　　24 小時傳眞專線：(02)25001990；(02)25001991
　　　　　服務時間：週一至週五上午 09:30 12:00；下午 1:30-17:00
　　　　　劃撥帳號‧19863813；戶名，書虫股份有限公司
　　　　　讀者服務信箱：service@readingclub.com.tw
　　　　　城邦讀書花園網址：ww.cite.com.tw
香港發行所／城邦（香港）出版集團有限公司
　　　　　香港灣仔駱克道 193 號東超商業中心 1 樓
　　　　　電話：(852)25086231　傳眞：(852)25789337
　　　　　E-mail：hkcite@biznetvigator.com
馬新發行所／城邦（馬新）出版集團【Cité(M) Sdn.Bhd.(458372 U)】
　　　　　41, Jalan Radin Anum, Bandar Baru Sri Petaling,
　　　　　57000 Kuala Lumpur, Malaysia.
　　　　　電話：(603)90578822　傳眞：(603)90576622
　　　　　E-mail：cite@cite.com.my

版型設計／雅典編輯排版工作室
封面設計／黃健民
印刷／崎威彩藝有限公司

一版一刷／2009 年 1 月
一版二刷／2018 年 3 月
ISBN／978-986-7884-93-0
定價／350 元

**城邦**讀書花園
www.cite.com.tw

國家圖書館出版品預行編目資料

觀世音菩薩妙明教示：大手印、大圓滿雙運修持
心要／堪布慈囊仁波切著．
-- 初版 . -- 臺北市：橡樹林文化，城邦文化出
版：家庭傳媒城邦分公司發行，2009. 01
面； 公分 . --（善知識系列；JB0054）

ISBN 978-986-7884-93-0（平裝）

1.藏傳佛教　2.佛教修持

226.965　　　　　　　　　　97022363